淤泥之子

草树诗集

2014—2020

草树 著

湖南文艺出版社

图书在版编目（CIP）数据

淤泥之子 : 草树诗集 / 草树著. -- 长沙 : 湖南文艺出版社，2021.10

ISBN 978-7-5726-0379-2

Ⅰ. ①淤… Ⅱ. ①草… Ⅲ. ①诗集－中国－当代 Ⅳ. ①I227

中国版本图书馆CIP数据核字(2021)第200979号

淤泥之子：草树诗集

YUNI ZHIZI：CAOSHU SHIJI

著　　者：草树
出 版 人：曾赛丰
责任编辑：耿会芬
整体设计：天行健设计
内文排版：钟灿霞

出版发行：湖南文艺出版社
（长沙市雨花区东二环一段508号 邮编：410014）
网　　址：http://www.hnwy.net
印　　刷：长沙超峰印刷有限公司
经　　销：新华书店
开　　本：880mm × 1230mm 1/32
印　　张：11.5
字　　数：220千字
版　　次：2021年10月第1版
印　　次：2021年10月第1次印刷
书　　号：ISBN 978-7-5726-0379-2
定　　价：68.00元

写诗即悟道（代序）

画家张卫有一幅题名《无头人》的画，画面上一个无头僧人端坐床上，床下端正摆着一双布鞋。僧人没有头，头顶上有一只鸟在飞。这幅画堪称一个精湛的文学隐喻，具体说来，是关乎语言本体论。僧人或禅师打坐，是为悟道，悟道却无头，即是强调身体的在场。大脑是知识、意义、观念的存储器，它对写作只会造成干扰而无助于身体敞开。端坐，或布鞋的端正，暗示写作必须凝神聚气和艺术态度的端肃。飞鸟所在，正是孤寂之所出现灵动和自由，由此我们不妨给写作下一个个人化的定义：写诗即悟道。

新诗写作经过百年探索和历练以及两大文明的哺育，到了二十一世纪第二个十年的今天，无疑正在走向成熟，出现了一批观念纯正、风格成熟的诗人，以于坚、韩东为代表的第三代诗人二十世纪八十年代倡导语言观念的变革，语言本体论在绝大多数诗人观念里，几乎成为普遍共识。诗的声调也从革命浪漫主义诗歌和朦胧诗的高音，降下了身段。当然朦胧诗的高音，是对另一个高音的反拨。后朦胧诗代表诗人张枣，意识到朦胧诗的高音蕴含的英雄主义的虚幻，自觉恢复诗的日常语调，或者更准确说来，是一个真正的人的语调。第三代诗人普遍地采用了反讽，戏拟，以此彰显先锋姿态并着手语言观念的彻底变革。一种消极性诗学所携带的现代性诗歌美学元素，全方位进入汉语诗歌写作的各个维度，从语言观念到语调、结构和风格，无不进入真正的当代诗阶段。也许新诗的称谓是为了区分于旧诗或古典诗词，当代诗区分于新诗和以象征派诗人出现的新诗历史节点到朦胧诗时代的现代诗，是以第三代诗人的崛起为显著标志。当代诗从二十世纪八十年代后期到当下，也经历了先锋姿态彰显和内敛的一个过程，这个过程即是当代诗全面成熟的过程。在一些杰出的当代诗人那里，无论元诗写作，还是口语诗写作，无不走向一个挖掘和自我发现的过程，即是走向一条悟道的语言之途。

任何一个写作者，首先面对的是语言。词语是一首诗的发轫，词语即道，即气息，而不是约定俗成或成为意识形态的语言。俄罗斯白银时代诗人古米廖夫有诗云：“我们已忘记唯独词语 / 在烦忧的大地上照耀，/ 忘记《约翰福音》写道 / 词语就是上帝。”因此面对词语，唯有倾听，唯有满怀敬畏之心。诗是无意听到或回头看见的。遗憾的是当下诗坛的写作，依然充满陈旧意义的翻版和既成观念的搬运，不论以多么富有想象力的具象形式，其本质无非是二次装修，散发着比甲醛更为有害的气体，甚至制造语言垃圾，充满语言的专制主义和暴力。词语的垂直运动如同大脑以一根想象力之线牵着一堆木偶——有几个诗人能够清醒地认识这样一种写作是将语言再一次置于受难的境地？当下流行的翻译体写作，仿佛每一行诗都要仰仗隐喻，每一个词语都要意象化，其语言和生命感官本身没有任何关系，不过是无聊的意义游戏或既成观念的具象翻新，其实质不单是违背了“修辞立其诚”的古老原则，也是一种新的语言消费主义。

五世纪时陶公辞官归隐，作《归去来兮辞》：“归去来兮，田园将芜胡不归？既自以心为形役，奚惆怅而独悲？悟已往之不谏，知来者之可追。实迷途其未远，觉今是而昨非。”陶公归隐田园，其田园只是一种形式，从根本上讲，是一个人向自我回归。当代人离开“自我”已远，轰轰烈烈的城市化运动，不单带来田园荒芜，更多是自我被一片喧嚣的荒芜淹没。在大潮奔涌向前的巨大惯性运动中，只有少数诗人和艺术家会站定在进步的潮流中，回头看一看，哪怕是一瞥，这一瞥里有惊心动魄的荒芜之真相。

写诗即悟道。于坚倡导一种出家式的写作，换句话说，即是写作除了要抛开“大脑”，打开身体感官，像禅师悟道般凝神敛气，还要抛开诗外的东西。我们这个时代太多热衷于兜售自己的分行的诗人，只有少数诗人真正在凝神观看，静心倾听。诗人的自恋是一个泥潭，不但蒙蔽双眼，甚至淹没自身。在这个诗歌已经无限边缘化的时代，诗歌表演的各种功利主义荒诞剧和肥皂剧，几乎每天都在上演，在某种意义上，这也是一种蒙昧，丝毫不亚于当代盛行的拜金主义。金钱万能是当代流行的新蒙昧主义，蒙蔽了“初心”，隔离了自我，迟早会为此需要付出巨大的代价。语言之道，是它们的疫苗，是麻木的心灵和蒙蔽的智慧得以获救的良方。写作上的“不忘初心”就是要向“初心”返回或重塑一颗“初心”：人类孩童时期光芒闪烁的天真图景。

一个真正的诗人会自觉致力于探索词与物的关系。赶鸭子上架式、捆绑式的强指，与其说出自“匠心”，不如说源于偷懒。一个优秀的诗人一定不再崇尚言辞滔滔的表达，而是首先作为一个倾听者，做一个语言禁欲和自律的清教徒，致力于呈现人的精神处境和破除语言的困境。一个杰出的诗人的笔下，时常会出现词与物之间若即若离的微妙，犹如《诗经》以来兴之美妙，也会去探寻传统的基因，在某个特殊的语境中接通自我和传统的血脉。值得欣喜的是，我们已经可以看到一批当代诗人留下了石头般明确的文本和大树凌风般的语言存在（于坚语），他们杰出的文本实际上已经局部地树立当代诗的标准，其写作即便放在世界诗歌写作场域，也是一流的。

沃尔科特说，“诗得自于勤勉和汗水，但又必须清新如人像眉头的雨滴。它融合顽石的质地和自然之美。它将古今并置：如果人像代表过去，那额头上的露珠或雨滴便象征着现在。这里有被埋没的语言，有独具个性的词汇，写诗变成了一个挖掘和自我发现的过程。”挖掘作为一个“写”的动作和写作的象征，在希尼的《挖掘》一诗中有着精湛的演绎，在他看来，他的手里的笔，就像他的父亲和爷爷手里的铁锹，而挖掘马铃薯和泥炭，也变成了挖掘生活和历史的隐喻。而我们这个时代，不论它如何高速发展一如高铁给我们留下迅速逝去的幻景，只要我们能够将我们的视力和听觉延伸到十二厘米厚的减速玻璃以外——不是宏大扫描而是深情凝视，不是热衷表达而是致力于倾听，我们就会真正有所听见和看见，并将它们转化为真正的“语言的观看和倾听”，赋予其恰切的语言能指形式，从而为我们的日常之丰富，做出令人感同身受的新颖性的命名，从悟道到命名，完成一个个独特的“语言学特例”。

2020.10.30

目　录

第一辑　摩阿记（2019—2020）

梦之猫　2
猫和老鼠续集　3
流浪猫　5
鸽子　6
读杨键画作二题　7
坟　9
壶水　10
核桃夹子　11
起源　12
高速公路　14
万物各安其所　15
年嘉湖偶感　16
门铃　17
溜冰场　18
不在　19
爱情丛书入门　20
红卫桥　21
结婚证上的照片　23
洗马河　24

红色高跟鞋 25
吸奶器 27
太阳照旧升起 28
绵延 29
看女儿弹琴 31
暮晚 32
微光 33
豪猪 35
洗衣机 36
映像 37
房卡 38
抽屉 39
为妻子生日而作 40
房子颂 42
毕司沃斯的房子 45
散步 46
读《辛德勒的名单》 48
隔离区 49
登岳麓山 50
遗嘱附言 52
沙发 53
灰之诞生 54
穹顶上的天使 55
雨后 57

微创手术 58
最末一站 59
恐惧 60
湿地 62
光阴 63
无人驾驶 65
反光镜 66
礼物 67
构树 69
落日 70
游姥山记兼寄陈先发沈苇 71
物哀 73
五一西路 74
黑咖啡 75
窑炉颂 77
斗笠和燃烧弹 78
城市记忆 79
门槛石 81
黄鼠狼 82
麻雀 83
洞阳水库 84
恐高症 86
己亥清明金陵墓园祭扫张枣墓记 87
在分界洲岛 89

水手谣 90
海上吠声 91
椰子谣 92
北京的乌鸦 93
银锭桥 94
故宫 95
颐和园 96
摩阿记（节选） 97

第二辑 淤泥之子（2017—2018）

重轭 136
淤泥之子 138
凉 140
铁艺 141
病 142
救赎 143
踏脚石 144
雾霾诗 146
结巴 147
烟鬼 148
停顿 149
湿炭 150
漩涡 151
绞肉机 152

四十年 153
忍 154
告别 155
风继续吹 156
光 157
试纸 158
悲伤 159
睡莲 160
读奈保尔《告别仪式》想起 161
归来 163
日子 164
桥 165
墨线 166
离心机 167
锉刀 168
锯 169
楔子 170
雨刮器 171
听雨 172
远光灯 173
音箱 174
窗棂 175
吹风机 176
榨汁机 178

半块镜子 179
菖蒲颂 180
“孤独的牛仔包” 181
玻璃店 182
初秋 183
结 184
悼狗辞 186
石楠 188
藕煤 190
烟灰缸 191
声音 193
地铁 194
位置 195
石榴 196
天空 197
篝火 198
画饼 199
裂隙 200

第三辑 长笛（2014—2016）

搬家 208
在一起 210
边界 211
魂归株洲 212

围挡 214
界线 215
月亮 216
盐 218
父亲 219
致女儿 220
假山 221
躲猫猫 222
呼吸 223
希拉穆仁草原 224
在长滩岛 226
沙 227
帆船 229
帝王 SPA 230
天堂花园 231
观海 232
斜坡 233
病后 235
水缸 236
晾衣绳 237
猫头鹰的啼鸣 238
老水车 239
草垛 240
杀猪匠 241

瘢痕 242
老院子 243
家乡 244
土地 245
消逝的老墙 246
槐荫 248
锅 249
冰凌 250
没有照片的童年 251
祭奠 253
初雪 254
长笛 255
文字 257
火灾回放 258
诗人 260
伤口 261
蜻蜓 262
雨滴 263
鸽子信 264
谈话 266
泡桐花 267
山中一夜 269
青铜 270
秋日 271

拉链 273
铺路 274
按摩 275
齿轮 276
读西蒙娜·薇依 277
铁线蕨 278
勋章 279
湖山 280
地形学研究 281
雪峰山隧道 282
身份 283
泉水 284
在雨中 285
切割 286
山中 287

第四辑 长诗或组诗（2016—2020）

梅尼埃小姐 292
美国诗稿 299

与杨键的对话 307
关于《淤泥之子》（后记） 342

第一辑

摩阿记

2019—2020

梦之猫

小时候我家有一只猫
总是空无中纵身一跃
之后是一片唧唧声
正当门外一片皑皑白雪
它让我忘记了寒冷
矫健，迅捷，充满力量
仿佛正义的化身
只要有它，这个家的梁柱
永远不会崩塌

正午我做了一个梦
一个失散多年的妹妹
闻讯从长长的走廊急忙赶来
径直投我怀里，紧紧拥抱
眼泪汪汪时而抬起头又埋下
我说女儿前几天去了你家你知道吗
她用力点头温柔之状一如那猫
那时它扑在我脚尖瞌睡
一家人坐在土砖墙下晒太阳

猫和老鼠续集

猫在空无中纵身一跃
家和四邻都失去它的踪影
它出现在小区路上
你再看不见它的矫捷

老鼠也消失。有几年
我看见它们从田埂的土洞
或谷仓的角落
四处骨碌着小眼睛
尖嘴探试，胡须颤动

它深入骨肉
咬着骨头上的血肉
它来到枝形灯下的餐桌
谁也看不见，一边敬酒一边礼赞
它蹲在一件茅台
或“和天下”的缝隙里
尖嘴探试，胡须颤动

如今我只有一个突然的幻觉

猫在空无中纵身一跃

蔷薇花开的草丛微微晃动

流浪猫

孩子忽然大喊“猫”
我靠路边停车
一只猫在草丛中步态疲惫
就像一个流浪者

孩子小心走上前
它快走了几步
露出警惕的黄色眼神
还是接受了孩子的搂抱

它随我们生活了数周
孩子放学归来总书包一甩
蹲在它面前喵呜喵呜
她还没见过猫真正的矫捷

猫独自出去最终没回来
留下孩子楚楚动人的悲伤
当我泪崩听到“哪有什么正义”
眼前唯有幻象：空无中纵身一跃

鸽子

出差归来忽见参差高楼的远处
一群鸽子飞出一个斜坡
又陡然上升如天梯

白色羽毛在阳光中闪光
改写了摩天大楼幕墙的虚幻
和低矮民居年深日久的油腻

它们形成一个鲜活整体
像一个年轻女子腰肢一摆
正是你中年蕴藏的过往

日复一日穿行在小巷大街
四方形盒子仿佛装着
没有红色火药头的火柴

鸽子点燃短暂离别蓄积的激情
我发觉阳台上你养的欧月[1]
晨光中又陆续绽开几朵

1　欧月，即欧洲月季时下流行的简称，一种四时开花的蔷薇科植物。

读杨键画作二题

钵

一只黑色的钵立在黑色的墙下
椭圆形的开口远远看
像一只布满云翳的眼睛

一只白内障的眼睛？
它见过太多：墙壁的裂痕，人性的变异
当世界完全黑下来它独自发光

它的发光体像一幅落雪的山水
它光亮强烈之时让沉黑裂开
像一柄光之剑，像一座光的教堂

芒鞋

两只芒鞋散落在无名之地
像祖母的遗物

“你奶奶的那些破家具没用了，赶紧扔掉
祖母又死去一次”

这两只芒鞋穿越死亡的废墟
失去脚但依然在走，在跋涉

它依然发出声音只是不是
“竹杖芒鞋轻胜马”的沙沙

是沙哑如孤独的羊羔在荒野上
发出我们听不见的悲苦声

声音沉重不像一辆挖掘机那么缓慢
跋涉的山水是枯山水、苦山水

不是减速玻璃外无声无味的明丽山川
它同样有粗重的喘息一如动车挂在

一座垮塌的桥梁的裂口上那一刻

坟

山林里一座小坟
若不是坟头扣着一个烂粪箕
无异于一个小土堆
那里埋着一个小我几岁的堂弟
他没有来得及学会语言
被一场热病夺去生命
他完美地保全了自我
就像马尾松林里的春草
每天黄昏我看见一对夫妻
（现在他们早已离异）
一边收拾烟叶（挂在竹编上晒干）
一边哭泣，如双舌羊的哀鸣
夜晚山坡一带闪烁着磷火
大地上诡秘的星星

壶水

如一壶水在角落冷暖自知
偶尔的社交并不能获得足够能量
让盖子冲开、壶嘴嘶鸣

一群孩子在庭院叫喊
女儿的书包还在地板上打转
楼梯上已响起噔噔噔的脚步声

有时候我从窗口伸出头
看他们在芒果树荫里嬉戏
又加热了一颗渐渐冷却的心

翠绿的芒果闪烁枝叶间
想当初壶水溢出几至于窒息
去罗城路上，四周群山与我再无关系

壶水在厨房嘶鸣。我立刻奔过去

核桃夹子

拿起铁制的核桃夹子
一粒核桃在虎口里
发出咔嚓一声

铁轨咔嚓。沿㵲水从湖南
到贵州。转桂北。喀斯特地貌
平畴在巨大影子里野花迷人
挖开的山岭的横截面
像撕裂的肌肉

之前我只听见时代的列车轰鸣
核桃低沉而尖厉的声音
现在让我意识到一副手铐合拢
或铁栓上栓带来的隔离

仁随着核桃壳破碎
像一个隔绝多年的故人
相见已经面目全非

起源

父亲的斗笠上
写着“晋阳”二字
我不知也从没问过它的含义
当父亲从雨中的田野归来
蓑衣滴水，斗笠上
字迹更加鲜明

大部分时间斗笠挂在墙上
当北京一个名家告诉我
“晋阳，山西之南也”
它喻示一个姓氏迁徙的图景
从山西土墙茅顶的村落
到江西白墙青瓦的民居
而湖南，贵州，广西，四川
每次迁徙无不经历大动荡
战乱或饥荒，如 1942 或 1960
或远古的文明中心之火
点燃边地的蛮荒

此刻女儿问我唐氏一族的来历

这“晋阳”二字像一束光

照亮她脸上的笑容

高速公路

宝马靠向紧急停车带
一块护栏弯向一边的圈地
像一个小小避风港

下车才听出车辆的疾速
一声声“哗”不像瀑布坠潭
一把把刀砍向旷野的灌木丛

生出一阵阵狂风吹歪
附近的植株：夹竹桃如此坚韧
原来每时每刻都在历练

一只蝴蝶在蓝天竹上摇晃
就像庄周之梦正在瓦解
白果本可以再坚持一会儿现在落下

万物各安其所

糖果在盘子里
鸡蛋在开始翻腾的沸水里
阳台上的欧洲月季
黑夜也在绽放

晨风吹动窗帘。为何你不能
让头发也接受吹拂
不在某个狂妄的人身上纠结
就是恼怒于网上日日新的荒谬

欣喜于山中灌木丛上几片野鸡毛
或者低洼树根处的雁鹅菇
灰色条纹或嫩红根茎
那已是遥远的事情

虎刺梅的刺有毒
并不飞出来扎你一针

年嘉湖偶感

一个中年人倒挂杨梅树上
同另外几个站立一旁的人说话

他们在说什么，我不知道
我震惊于他们和湖堤上杨梅树本身
构成一种不可言说的言说

秋天了，一排湖柳金黄，湖水平静
与湖中倒影合奏秋日赋格曲

走过春夏秋冬四个岛屿
这个高楼从四面包围的城市内湖
你越贴近水面它越像一片时间的大海

门铃

你们都不再来了。也罢
省得门铃不得安宁
门铃寂静的确一个时期
让我在屋中间陀螺般打转

你们来也无非再次拉我去
接受生活的抽打直至
滚进泥坑：那里一团残雪至今
散发寒气，沾满泥点

你们不来房间里照样高朋满座
曲阜的孔子，以弗所的赫拉克利特
无锡钱穆或贝尔法斯特的希尼
交谈热烈尽管寂静如门铃

门铃寂静。一扇门悄然敞开

溜冰场

年会现场敬酒者转圈如溜冰
只是转换为嘴巴滑溜
一壶酒脖子一仰下去可看作
溜冰技艺高超者双脚一扬
越过了一个小斜坡

我天生不会滑冰，年轻时
在湘潭某溜冰场失控脑袋撞击铁栏
金星四溅羞愧不已迅速起身
身体又冲向冰冷的墙

冰的表面两端空无
我不能“执其两端，得用其中”
不能平衡各种关系且做到身轻如燕
唯有以五官去探寻真伪可能

唯有将累累伤痕当作大地上的犁沟

不在

她已经多年不在
今晚出现在一家餐厅
坐在靠窗的位置
望着外面点点灯火

我暗自惊讶，偷偷看她几眼
妻子吃着韩式烤肉
啧啧称赞。女儿发现了我走神
五花肉在钢丝网上开始焦黄
冒出青烟和香味

她还是当年的样子
身姿笔挺，浓眉大眼
只是一脸矜持端肃
没有了纯真的表情

这不在之在如一块撂荒的豌豆地
在那个遥远的山谷
再回不去一如白发回不到青丝

爱情丛书入门

从一阵密集的呼吸中
她忽然抬起头
支在我身上说要不要
请你家老爹来指导一下
我捻住她一小把脸轻轻扯
两只乳房微微荡漾

这是古老的爱情丛书入门
在郊区她父母的房子里
夜深了只有春风吹动
窗户上薄膜的声音

另一扇门对她紧闭
我父母的、糊着报纸的门
关闭或敞开：这些门，这些门上
时光的铰链锈美如花

红卫桥

红卫桥上一个神秘男人
每天黄昏拿着一把
涂了麻醉药的尖刀
捅向某个女孩的臀部

这个消息在全城扩散
我不得不提前一刻下班
去红卫桥附近那个化工厂
迎接她的每一次雀跃

她雪白的臀部多珍贵
喂养我饥饿的青春
像春天一轮圆月沉浸
在开始冒叶的荷塘

有一天她撅起臀部
一阵放射性疼痛让她
在洗衣机前直不起腰来
之后是一次又一次

露出一瓣，迎接针头
直到它在火葬场化为灰烬
夜里我一个人在红卫桥不远处
点燃纸钱、卡片和日记

三十年后车到红卫桥
我想从那里走环城高速回去
不知道它被围挡阻隔已有半年
下面高铁一辆接着一辆减速进站

结婚证上的照片

结婚证上的照片两个
看上去神情忧郁
满脸疲倦就像一夜
没睡好的人

一间市场边的出租屋
构成我们的小宇宙
孙悟空大闹天宫无人知晓
那生动而至今不厌倦的做爱

甜蜜扩散到空气中
疲倦只在酒窝里短暂停留
一早出门去工地转一圈
回来看床上她仍蜷着身子

如一只温柔的猫一睁眼
又是一个久久的吻仿佛在品尝
一天的新酿。新的阳光
洒满整个走廊

洗马河[1]

妻子的电话把我从办公室拖出来——
孩子不见了！我立刻奔向洗马河
这条住处旁边的小河
我可从没关注过它

黄昏我和众多朋友沿着河流
上上下下寻找，一无所获
当我站在河边的白杨树下一片茫然
对面山坡上房舍渐渐亮起灯火

我们家每天早上隔河与另一个本地男孩
以凯里话喊叫的男孩
在我们出差托付给一个亲戚
他脱得精光在床上桌上蹦跳的男孩

每当回来推开门他立即在我身上
攀爬的男孩……那一刻，他和那个凯里男孩
慢慢腾腾拿着一瓶蝌蚪出现在河道上
河水似乎从来没有那样喧哗，卵石泛着点点白光

1 洗马河，贵州凯里市城东一条小河，从东边山林穿越整个城市。

红色高跟鞋

深夜响起敲门声
我从猫眼观察
（出租屋环境复杂啊）
看见门口站着一个人
开门却挤进三个
其中一个亮出警官证
对我的盘查最后集中在
门边的一双红色高跟鞋上

我多傻啊折腾了多久
才想起给市长打电话
（他居然那么晚还没睡）

他们当即向我道歉
我第二天就原谅了他们
现在要感谢他们
不然我再不会想起
那双红色高跟鞋

河水闪光，柳丝飘逸

你穿着它走在洗马河边

磕磕磕磕着石子

把每一个临幸日变成节日

吸奶器

吸奶器无济于事只好
让我的嘴唇顶上去
俯向她裸露的胸脯
嘬住微紫的乳头

像幼年吸吮母亲的奶但显然
没有那样悠闲
像挖掘冻土但用的是嘴

病房里站着奶奶和外婆
妻子旁边躺着嗷嗷待哺的女儿
俯向她裸露的胸脯
嘬住微紫的乳头

我以腮帮奋力给女儿
开凿出甘甜的清泉

太阳照旧升起

一场春雪让长沙
陷入寂静
更深处武汉灯火闪烁

空出来的城
不再轰鸣的桥梁
现在每天天气预报悲伤

必须摸一摸雪松的雪枝
确定双手不是
另一只手臂的延伸

一只手拔出针头另一只上来
按住血管上的针孔
一只只手筑起大堤

夜晚遥远的地平线闪电
早晨太阳照旧升起
隔一层口罩依然闻到新梅的香味

绵延

母亲低头削土豆
一边对我说出门在外
千万不要讲真话
父亲用鞭子说话
当然是在我更小的时候

幼年时，冬夜爷爷把我揽在怀里
讲蒋堂湾“笔杆子”[1]
铺着良心[2]写状纸
屡屡取胜
声名远播

远山绵延起伏
阳光照临厨房
今天我给女儿做土豆泥
我不对她说什么
我想让她

1　“笔杆子”，一个人绰号。
2　铺着良心，方言，意指不讲良心。

“多保持几年错觉”[1]
终有一天她自己会了解
公路上一只鸟耷拉着翅膀
我倒期望她再次惊呼

女儿住读第一周
她走进大铁闸门，回头哭泣
妻子把手伸进去
一缕夕光照着深红色的外墙

1　引自《赫伯特诗集》（花城出版社，2018）771页，赵刚译。

看女儿弹琴

女儿坐在琴凳上
为应对舞蹈学院的考试
正在反复弹一首勃拉姆斯

我站在她背后
看见竖起的烤漆琴盖
映出她的面容
精致的五官锁在忧愁里
胸前锁骨突兀如荷塘的莲梗

我反对勃拉姆斯
我默默看着如雨夜一盏路灯
照着一枝带雨的梨花

暮晚

对门园里一条小路
通向远方的山坳
太阳落山了，总有一个小孩
牵着一个女人的衣襟
摇摇晃晃行走

动人的图景
从来没有消失
尽管那条土路长满茅草

只是换了场景
比如地铁站的站台
大商场的扶梯口
或者星期天公园大门外

现在其中角色换过来
只是“孩子”远远走在前头

微光

火柴嗤的一声
黑暗中出现爷爷的脸
一片咕咕声伴随着
火星明灭

微光的呼吸。起伏之间
锄头挖进猪婆山的砂石地
当归和黄芪
满了小小背篓

那时越过界田长长的村舍和水田
他和来往的农人说话
我扑在水井边
一捧水从指缝瞬间漏去

夜晚爷孙俩站在门角落撒尿
淤桶里两道弧线合奏
从我抬头看他
到黄土落在棺盖上砰砰作响

仿佛只有一袋烟功夫

如今埋在木子塘山的半坡

繁星闪烁的夜空下

牙缝里银子和骸骨在闪光

豪猪

某个雨天谁从田野
捡回几根豪猪毛
两头尖中间圆
一头白而一头黑如箭矢

但当我奔出门
豪猪消失在山林
我没能赶上它放箭
那一刻的神奇

世上多暗箭。你若亲眼
看见发射的那张弓
会失去许多想象
包括与之伴生的人生智慧

一支箭羽在心口战栗
疼痛但多年后路过妖龙塘
顶着细雨我也放慢脚步
这可是豪猪出现的地方

洗衣机

滚筒呼呼地转动
衣服形成漩涡
洗衣粉从小盒子下水
产生大量泡沫
不像码头上的跳水
激起明亮的水花

地球转动不像滚筒
正如觉察不到
权威的搅拌
当声音渐渐轻盈
你打开盖子发现
一种依附如相恋

长久反复的清洗
衣服开始发白
多么古怪你竟然对它
生出莫名的青睐

映像[1]

窗玻璃贴着一张脸
忧伤的眼睛朝远处望
嘴唇压出一道平面
雨水集聚不断从外面流下

被人推下山洞我常想起
那个印度医生被雨水画着的脸
我在洞底绝望的时刻仿佛听见他
喊着“摩尔太太”同时礼花
在另一片天升起

早上在湘江一个码头边
我看见锚绳拴着一条小船
绳子和船在风中拉扯
伴着波涛舔岸吱吱地叫

解开绳子。各自荡漾开来
那是个晴朗的日子
北辰的落地玻璃
映着好看的竹枝和丹桂

1　二十世纪八十年代观看电影《印度之行》的印象。

房卡

它在指间向门锁靠近
嘀嘀两声蓝光闪烁
进入墙上的插槽
电灯在一片啪啪中亮起

多年前我去外省一个城市
按照那位朋友电话里的交代
把手伸进窗户的钢筋格栅

摸出钥匙的声音
一种奇异的喜悦涌上心头
墙上的挂画，书架上的小说和诗集
无不勾起我的好奇

房卡在锁上发出摩斯电报声
拉开窗帘，异乡的万家灯火闪烁

抽屉

婆婆从兜里拿出钥匙
像往常一样
打开店里的抽屉
那天早晨她站在书桌边
没有像往常一样迅速锁上

媳妇坐在后门口
手上梳着小女儿的头发
眼睛始终注视店里的动静
她去街上的锁匠摊复制一片钥匙
将抽屉置入无声的审视中

白术和陈皮散发中药气味
书桌不再是书的歇息所
抽屉少了也多了一些东西
少和多不再是多少

为妻子生日而作

1

你的生日。和以往
没有什么不同
我们走在年嘉湖边
晚风吹动湖柳
灯光微微荡漾

忽然电话传来
你大舅舅的死讯
报丧人仿佛在报喜
话语夹带笑声
毕竟死者已瘫痪多年

你看上去也不悲伤
也没有为生日交织着
一个忌日而沮丧
深秋银杏开始落叶
湖堤上水杉金黄

我们一起走过二十七年

湖水浪涌，世人漫舞
网上的事多奇葩
树枝上隐约有风声
群树婆娑。云破月来

2

今天我居然忘记给你买花
想起很多年前在珠海
银座的阴影里
钻出一个卖花女孩
我看着她瘦弱的样子
买了一朵。也无人可送
走向海边，就把它
献给那座白色女人雕像

你没有责怪。我当然
也不会像以前一个男人说什么
买花，还是两斤肉来得实在
采一束红蓼补救
你可能也会笑话我
年嘉湖今晚月光很弱
一只野鸭忽然拍翅
一小块湖面灯光粼粼

房子颂

他们其实没有厨房，就在走廊的阳台上架锅开火。走廊顶头有个很小的阳台，伸出去的。……逢上下大雨，喜子就在孙离身后撑伞，免得雨水砸进锅里。

——王跃文《爱历元年》

电梯门嚓一声开启
里面站满人或空无一人
对我没什么两样
有人约等于无人
我走进去或走出来
也没什么不同
无非沉闷的上升或下降
太阳东升西落
它在垂直的轨道上运动
犹如朝九晚五的刻板
我曾经住在出租屋
从二楼走廊远眺
市中心升起的商品房

心中渴望就像老杜一千多年前
在秋风中祈望广厦
仿佛又看见妻子
匆匆从菜市场回来
有些忙乱地开锁
开门看见孩子坐在脚盆
依然玩着拨浪鼓
她脸上那一刻的笑容
改写了出租屋的简陋
当拥有第一套房子
我率先装修了浴室
墙砖有彩绘的丘比特
头次在自己的房内洗浴
沉重的肉体生出翅膀
尽管客厅和过道堆满木料
那个夜晚我们扑在窗口
看河西松林上空升起圆月
难以想象老杜看见的
也是这一轮，带着清辉和图案
而当身份证地址所在房屋

住上一个承租的陌生人
或小区一个不知名姓的老人消失
很久后才知道他已经去世
或者此地曾住着一个大户人家
有铁艺的围栏和花圃
之后在战火中沦为废墟
又变成一片荷塘，蛙鼓齐鸣
这些与我都没关系
当然后来的居民和寻访的家神
也难以与之前有什么瓜葛
无非是电梯门吞吐着
像一张空洞的嘴巴
不能真正品味存在的滋味
我依然赞美时代的大地升起
广厦千万，赞美移栽的绿树开始成荫
我赞美亘古常新的圆月
依然在头顶：带着清辉和图案

毕司沃斯的房子[1]

一座新砌的大宅院
进火[2]后第一场雨落下
门廊或阶檐下
没有看雨的小孩
没有谁像我小时候那样
伸手接着檐口奔流而下的雨
雨声平息了此前
罗马柱和斗拱的争吵
琉璃瓦和青瓦的分歧
钱坐在屋脊上
俨然最后的胜利者
百年家族，一挂圆盘鞭炮
点燃前已是一地碎红
大约要插旗子但母亲说
她让匠人师傅用青瓦
做了个小屋，她在里面
放了稻米和角币

1　取自 V. S. 奈保尔同名小说《毕司沃斯先生的房子》。
2　进火，也称“过火”，南方民间习俗，进火之日从旧房夹来火种到新房，邀请亲朋好友庆祝。

散步

每日围着年嘉湖散步
国金和泊富远看如擎天柱
闪闪发光，宏大叙事不为人知

一个人倒挂湖堤杨梅树上
一群白鹭从春岛飞起
红蓼点缀山谷的秋天

泛泛抒情不抵一次乡间散步
母亲指给我看的每栋新屋
都是一部独特的长篇

这个写主人公在广州如何发迹
另一部描绘一个家族的衰落
老书记过去的辉煌仅余一个封面

正文写满家人早逝的悲伤
橙红色坡屋顶没有炊烟
野草漫过了阶沿

早上清凉的阳光照向山坡

一个人站在屋檐下刷牙

几米外墓碑在茅草中闪亮

读《辛德勒的名单》

书几的樱桃木纹好看
脚修长如长腿美人
仅此而已，它跟你的阅读
并无多少关系

当德国人的鞭子抽向
那些犹太人弯曲的背脊
沉闷的响声如在耳边响起
脚掌下意识一抬
就在无所适从那一刻碰到
挡板下一根横方

一个多么舒服的支点
从未觉察，在视线之外
让盲目的脚有了视觉

隔离区

他们一个个从楼道出来
走向各自的隔离区
很奇怪每个人的表情
并无异样，而是洋溢着幸福

那个长长的队列中
有我的父亲、母亲，兄弟和朋友
有官员、农民，商人和白领
旁边并无扛枪的蓝制服士兵
一只手在空气中
甩动一把“老人头”

他们翻过险峻的山岭
在山坳上我看见
爷爷奶奶站在墓草中
露出惊诧的眼神
我踢中冒出柏油路的树根

醒来全身是冷汗
只觉得背部肌肉酸疼。气喘吁吁

登岳麓山

站在岳麓山顶
远眺暮色笼罩长沙城
次第灯火如无数嘴巴喧哗
三一大道立交桥轰鸣
总像要将我抬了去
桥拱下河堤，绿草如茵
三五人搬来茶炊桌椅
河道涌来凉风
吹动头发和树枝

我总停不下来
若在杜甫江阁眺望湘江
或许下一秒他的船就要靠岸
往太平街贾谊故居
听一会玻璃里竹子吐露言辞
恍然间前席开满花
或一个人走到岳麓书院的幽深里
头顶红枫突然晃动
飞出红色鸟群

寂静也是有根的

如浏阳河滩涂上一棵孤柳

如我长眠金盆岭的姑妈

遗嘱附言

我全部的遗嘱是“无”

就像一撮灰

没有任何意义

如果你将它盛放于一只古瓮内

它就成为传统无言的一部分

散于四野，回到大地

不会显示增加或减少什么

随江水奔流向海

那就从此归于水的属性

它，随物赋形

沙发

坐在沙发上
您似乎丝毫不担心
死神正倚门而立
而担心以后没有自己
不知他会怎样
说着双眼出现泪影
声音有些哽咽

耶稣在最后的晚餐上
预感死亡降临也这般平静
当然您不是先知
不能预言“彼得将三次不认我”
两年来他的枕边
频繁更换年轻女人

阳光穿过窗玻璃
照在沙发一米远的瓷砖上
凹下去的沙发慢慢平复
现在发出吱吱的响声

灰之诞生

一块砖在瓦刀响亮的一声中
一根房梁在炮机的轰鸣中
一辆大货车在土路上隆隆而去

皆灰尘诞生的时刻
飞扬，如羽毛，失去肉身而浮于虚空
它们落在哪一片树叶哪一个屋顶

今天，当我看着您穿着平素喜爱的旗袍
平躺着，缓缓进入火化炉
我垂首默哀
看不见灰的诞生
看不见不远处菠菜缀着露水
看不见烟囱的白烟只仿佛
听见一阵吱吱声

一朵白云浮在广漠无边的虚空

穹顶上的天使[1]

现在您像穹顶上的天使
一座张开双翼的雕塑
夜晚您来到旧居
沙发某个地方
或许还有您的发丝
或已经被钟点工打扫

他从沙发上起身
来到服装街一间店铺
带着一个比您年轻的女人
在衣架上来回挑选
那个女人一撒娇
他的微信为她滴一声
鲜艳的长裙晃动
您微笑着站在旁边

夜晚他抱着那个女人
睡在您曾经睡过的床上

---

1 指维姆·文德斯导演的电影《柏林苍穹下》中屋顶上的天使雕像，夜晚下到人间见证人类的生活。

您睡在他们背面

睁着年轻时秀美的眼睛

您若开口，他会怎样

您不开口，他最终又将怎样

像柏林穹顶上的天使

终有一天您将陪他前往

一片类似淹没波茨坦广场的荒草丛

雨后

屋檐下零落的声音
沉闷而响亮
苦楝树的叶子
仿佛不能承受雨滴之轻

在这一块土地上消失的故居
阳光又照进窗棂
您正在书桌前梳妆
对着半块镜子

炉火在灶屋燃烧
阴郁的早晨明亮起来
您和爷爷坐在长凳上泪光闪烁
迎亲的鞭炮还没有响起

人生如一场大雨热闹非凡
雨后天空更加阴沉
北风吹动鼠尾草
露珠纷纷跌落无声

微创手术

无影灯下刀子切向腹部
有了腹腔镜
创口大幅度缩小

缝合以后那创痕随时间
渐渐淡去而像划开的湖水
合拢于一匹新丝绸

您的死看上去也没有
在那个家留下多大伤疤
幽微的光亮照出它的脏腑

除了死亡，还有什么能观看
并说出屏幕上骨肉的构图
一个空洞再不能弥合

最末一站

殡仪馆松柏列队
麻雀在虚空拍翅
悲痛是那个女同学的
我们依然在有关肉体
和它的欢愉的隐喻中游戏

大厅里哀乐低回
主持人语调沉重
她的脸色苍白与悲痛
也并无内在联系
稿纸在女同学手中战栗

只有她听见列车开进最末一站
那一声低沉的喘息

恐惧

几只野鸭在湖面游弋
倏地钻进水里
树枝上鸟群弹出
头顶响起一片扑翅声

我已经很多年没有
像幼年那样受到恐惧的教育
夜晚走过新桥垄突然想起爷爷说
坝里曾经打死好几个地主
想起柑子园
年轻的黄建阳因流氓罪枪毙
身后仿佛响起脚步声

一张死者的面容也不能
像当年阳谷里三具电打死的尸体
给我巨大的恐惧：夜晚回来
当我去里屋给爷爷拿黄花棍子点烟
脚伸进门，像踩到火似弹回来
变得无所畏惧走上钢丝

只看见对面山顶开满鲜花
看不见脚下万丈深渊

此刻我走在湖边，细嚼着
野鸭和鸟群的恐惧

湿地

入口处立着一块
醒目的牌子：禁止垂钓
我对钓鱼没有兴趣
它的存在对我如同不存在

湿地上的鸟群像一群孩子
它们在芦苇丛中跳跃或飞翔
我站在木栈道上仿佛也不存在
梭鱼草和石菖蒲从水里升上来

你拉着我的手跳上一块青石
从那里看得更远，几只白鹭展翅
拓展着天际线：白云安然
一架直升机的轰鸣远去

我们追溯湿地的起源
要追溯到爱，它干枯了只要不停止
抚摸，它会以另一种形式生成
鸟群也不会离去就像孩子

光阴

我曾在黑暗的旷野
远远看见山岭上
几束汽车大灯的光
晃动在星星稀疏的天空
或在郊区看见市内
摩天大楼顶部旋转灯
搅着夜晚的大地

万籁俱寂。是否搅碎
星星的光芒
或安稳的梦境
我幼年时悄悄攀上木梯
对着干红薯藤里做梦的麻雀
打开手电。温热的翅膀
拍动在手掌中

光沦为棍，就像有生
一个人沿着路边
走完默默一生

我不知道他何时死去

他年轻时像一束光

插进一个婆娘的后窗

搅动了整个村庄

无人驾驶

一辆大货车拖着满车香樟
从山区奔向遥远的城市
冠幅巨大的树枝被砍去大半
留存的残枝曳地有声

一地碎叶，一路灰尘
我曾以为自己坐上大货车
是押运，不是像一个人
被倒拖着迅速前行

很多年过去了。货车司机
向我讲述汽车旅馆的故事
集体淫乱催生荷尔蒙
激活他们表情的年轻

此刻我走进寂静的公路
耳边再次响起树枝曳地声
沙沙如钢丝球擦锅底
飞驰的大货车驾驶座上无人

反光镜

一块反光镜立在拐弯处
椭圆形，静静映照
你在来处看不见的风景
或突然出现的车辆

仿佛一个守护者
但还是有无数车祸
在这里发生：砰的一声
轮子朝天空转或整个车厢
哗哗哗滚向山谷

死亡的反光镜映照着
床上绑着石膏的腿
他的丧妻之痛
无以绑扎的伤口

几个月后他一瘸一拐走着
在一旁扶着他的女人
犹如一剂止痛膏药

礼物

表哥带来一个姑娘
青春的眸子闪烁
鼓胀的乳房撑开白衬衫
第二粒纽扣

单位石医生看出了玄机
我却傻傻地信了表哥
他说她是一起来进货的
三十年后我信了一个女人的眼泪
一场夫妻的战争
我为她主持正义
转背两人在床上形成同盟
枪口一致掉转向我

忽视学习世故的教科书
我付出代价不菲
好在时光没有埋没礼物
当他和后来的表嫂
在铁路上走远

一次次回转身朝我挥手

正是南方酷暑时节

凉风吹动夹竹桃

构树

古老的城墙上
一株构树迎风摇曳
叶形如古兵器
从石头和水泥缝长出

在天心阁伟大的背景下人们只看见
城墙、土炮和硝烟之后
新栽的樱花林
下面甲壳虫爬行
听命于灯杆上红绿变换

当我靠近，逆着太阳光方向蹲下
仿佛听出了它的言语
叶脉清晰如舌筋

落日

岳麓山峰顶上
一轮落日收敛光芒
不再像正午时刻不能直视

草地上影子在生长
人在高峰时刻看不见自己
满身是光的箭镞
四围盔甲闪闪

大地笼罩在柔和的光线中
这是母子对视的温馨时刻
天边鱼鳞云染上一抹红
咸嘉湖波光粼粼

我走到英才园公交站
回头一望，它已经消失

游姥山记兼寄陈先发沈苇

二十年深藏的古井原浆
攀上量杯陡峭的薄壁
越过刻度线
进入中年
多少有些畏缩的喉咙

将白鬓发，犹存雄心
看似平和如窗外八百里巢湖
浩渺中波光闪烁
我们深知杯中堤上
刻度鲜明且严厉
但日渐堆积的枯枝败叶
正需要一场火

炸罍子[1]。俯仰之间
银杏树黄叶纷飞

1　炸罍子，合肥俚语，指大杯酒一口干完。

江淮大地，托卡马克[1]聚集核变之光

两朝大臣接力姥山

升起文峰塔

1　托卡马克，是一种利用磁约束来实现受控核聚变的环形容器。它的名字 Tokamak 来源于环形、真空室、磁、线圈。最初是由位于苏联莫斯科的库尔恰托夫研究所的阿齐莫维齐等人在二十世纪五十年代发明的。首届合肥天鹅湖诗会参观了中国科技大学这一核聚变装置。

物哀

相框里照片发黄
橱窗中裙装灿烂
停电了一切陷入黑暗
洪水淹没滩头上的杨柳

春天垂丝海棠花瓣纷纷
雨中公园的小径行人稀疏
有人喊错了它的名字
蛛丝上花瓣荡着死亡秋千

你把落在青石上的白果
摆摆位置就像安排
即将进入永恒瞬间的人们
溪水从草丛传出声响

萝藦的果实藏在叶丛中
一栋别墅有什么好声张
一缕光的审视里萝藦飞翔
窗户在时光中先后坍塌

——给莫非

五一西路

“对不起您拨打的电话
无法接通”。呆坐沙发上
你的脸色阴沉

你想起山林一间小屋
夜晚远远亮着灯火
屋角一缸水明净清澈

他何时从那里出逃
陷入巨额债务的通缉
在高铁站的人行通道混迹人生

下午路过五一西路
远远一栋大楼轰然坠下
周围树木和房屋笼罩在灰尘中

黑咖啡

停电了。房间里几个人
消失在黑暗中
谁也不知她的手伸过来
挠着我的手板心

她来自攸县南部山区
有着咖啡色的皮肤
曾带我去农家见识坛子肉
切开，一抹桃红透酥

夜晚在乡政府小食堂跳舞
卡带收录机供给节奏
两只丰满的乳房
偶尔让我触电

我们在煤油灯下对弈
走廊脚步声密集
几只手电深夜晃动
打门，爬上护窗

光的浩瀚里世界令人目眩

黑暗却显影它的生动

桌子上一杯热咖啡

飘来安第斯山的香味

窑炉颂

斗车两只脚
啪一声顿我面前
她朝着我两手叉腰
脸上泛起红晕

我记得那个长发齐腰的姑娘
苗条的身姿有好看的饱满
就像烤箱里面包隆起

挑战的眼神转作丝丝柔情
从夜市摊桌子对面绕来
当众抱住我的脖子

烟囱冒烟，不舍昼夜
柔情打结剪断如一头长发旁落
屋檐上雨滴碎裂沟盖上

窑炉熄了火，像一个荒芜的子宫

斗笠和燃烧弹

他拿着斗笠
奔向雨中的姐姐
然后手遮额头跑回来

斗笠和燃烧弹
像南半球和北半球
八竿子打不到一起如何
来到同一只手里

昨夜他朝姐姐的小洋楼
扔了一枚燃烧弹
黑暗中他看着火焰蹿出窗户
烧毁老照片、相聚的亲热
烧毁信念、念珠手链
烧毁荷叶锅、最后一滴水珠

消防车呜呜。救出一片废墟

城市记忆

时间久了，一些城市
只剩下几个值得怀念的人
他们的名字比那些城市地标
更深刻铭刻心中

比如凯里。前诗人陈亮
高大帅气，声音洪亮
号称诗人但我从未见过他的大作
最后一次见他，在一个小歌厅
微暗中他搂着一个小女人
他妻子的电话号码
在我的手机上骤然响起

在榕江，小河草枯水干
一早起来散步忽想起陈波
我提前在电话里约
第二天聚会他又会有怎样的抒情
当年在火烧寨，他提着裤脚
率先蹚入清水江

电话关机。我打陈亮
他说陈波哦两年前已过世
西江烂醉如泥的文联主席陈波
从江文采飞扬的县委书记陈波
我抬起头，云贵高原群山
一片苍郁开满杜鹃

门槛石

两米多长的青石
表面光滑。青色带着白纹
骨肉间一抹脂肪相融

当大雨哗哗，躲雨的人群
将扁担斜搭在堂屋门槛
一个人屁股滑下去引发一阵哄笑

“不论怎样改，门槛石不能动”
一代又一代交代下来的话
如不容触犯的戒律

天地之间一块压舱石
书房条尺压着风吹卷的纸
让写作持续，墨水流淌……

黄鼠狼

黄鼠狼消失多年
今天它突然出现在门口
咬我一口，并不逃跑
当我大喊，四处没有响应

过去它出现，总是伴随
鸡飞狗跳，灰尘腾空
它一闪而去像一道闪电
时常在牛羊归栏的薄暮时分

我喊来众人，撩开伤口
没人认定它是一只黄鼠狼
人群中又传来一阵哎哟声

我无限怀念田野上的黄鼠狼
皮毛溜光，拖着长尾巴
禾弄或野蔷薇丛久久的颤动

麻雀

死去的人去了山林
墓碑标记他们永恒的住址
喜鹊，乌鸦，燕子
去了哪里无从打听

唯剩下麻雀，啾啾
再没有人拿着竹竿追打它们
再无人夜晚悄悄爬到梁上
朝着干红薯藤中它们瞌睡的眼睛
突然打开手电

鸟的王国的幸存者
当田间荒草高过人头
大路上再无补锅者叫喊
它们飞翔，停留
当一屋人陷入争吵后的寂静
它们在门口发出啾啾声

洞阳水库

我们站在大坝上
看群山抱着一面明镜
苏联专家设计的空心坝
有着神秘的结构
他们来了又半途撤走

四月草木葱茏
映山红点缀山林
孙思邈洗药的老井
井口钢筋起了苔
是否曾有猪坠井的一天
井底响起一声闷响
是否一方洞天福地
隐含于这深沉的眼眸？

山上隐真观[1]
一对狮子张口不吓人
香火里鼓声点点

1　隐真观，位于浏阳市洞阳水库附近山上，大门题有“隐山有濯，真道无私”对联。

深林中清泉潺潺

菩萨望着远方

眼里没有跪拜者

一面不动声色的镜子

映照深远的政治

书院建筑于高处

我想它是另一道大坝

有它，水会往上流

有它，词语会揽下人间

瓦顶之炊烟

以及雨声、琴声

悲欢的积蓄像洞阳水库

收藏春之璞玉

菩萨从来没有那个

威尔士诗人[1]的愤怒

1 威尔士诗人，指R. S. 托马斯，其写有英国政府在威尔士北部修建克林湖水库的诗。

恐高症

登上几步铁梯
转身下来
洞阳水库的高处风景
终属于擦肩而上的人们

我还不能完全抵御诱惑
好在眩晕即时提醒
高处风光炫丽但人性稀薄

波立维抗凝
不能消除恐惧的阴影
背阴的山谷虫子发出裂帛声

一个人孤立堤坝上
落日在辽阔的水面遍洒余晖

己亥清明金陵墓园祭扫张枣墓记

你在墓碑上
微笑不言
纸钱和线香燃起
阳光穿过密集的香樟叶
火光显得不那么明亮

墓园如此拥挤
不亚于五一路和黄兴路
交会地段的繁华
那繁华的空寂有着
更多未曾命名的空白

“只有连击空白我才仿佛是我”[1]
此处之空白
是否无须重击只低吟
新钻的深井就汇流成镜？

烟圈开始弥散却没有

1　引自《张枣的诗》中《空白练习曲》。

“咄咄怪事”那几个字[1]

你留下的空白待后继者命名

墓园上空一声寂静的鹤唳[2]

1 化用张枣《父亲》诗句：烟圈弥散着“咄咄怪事”这几个字。

2 鹤是张枣晚年诗歌中一个非常重要的意象，犹如以鹤为眼，开启一个观看世界的新维度。代表作有《大地之歌》。

在分界洲岛

分界洲岛
那小山顶上
寺庙大殿坐着欢喜佛
从那儿下去
三角梅簇拥石阶
伸向海景

峭壁下海角
礁石嶙峋
小木屋露出屋顶
海浪发出阵阵喧声
星光下，礁石上
何人在密修
和着大海的节奏
还有什么能让礁石开花
高潮般呼吸

水手谣

他坐在街边
眼神空洞地望着远方
他的沉默里
有风暴和闪电
他嘴里吐出的烟圈
慢慢生成海之形

他曾带我去海中央
帆船上身手敏捷
如猴岛树枝上的猴子
鱼群在海里游弋
他关注船舱里的人类
风中 T 恤，顿时生成海之形

海上吠声

渔排上狗群的吠声
就像大海上落日
孤独的光芒

网箱里鱼母游弋
不能引它们为同类
夜海上月亮有些惊悚

几年后再到陵水
黄昏大海一片苍茫
让我又想起它们

脊背披着夕光
仿佛送别亲人
不断在渔排上变换位置

椰子谣

椰子树啊椰子树
海边真正的美少女
枝间椰子滚圆
像乳房饱满

你们含着吸管
椰子汁香甜
是否像乳汁洁白
像爱情般消暑

我曾在三亚机场
看见一个女人坐地哭泣
谁扔在路边的椰子
耷拉着一根吸管

椰子树啊椰子树
陵水真正的美少女
她们拥有世间
翠绿的乳房

北京的乌鸦

香江戴斯酒店外面
南河沿一带乌鸦一声嚎叨
引我走到窗前
国槐微微摇动叶片

莫名大北京城
仿佛天空只有乌鸦
俯看着芝麻胡同
一点一点隐身

从故宫到颐和园
到处是它们的姿影
一群默默的哀悼者
只是偶尔一下哭出了声

中央音乐学院上空的乌鸦
闯入车窗外的风景
附近树林里的小广场
再没有我一个亲人的舞蹈

银锭桥

银锭桥的黄昏
流动不息的人影
忽然把我带入幻境

微拱的桥顶和落日平行
光影里的穿梭伴随着
后海波光粼粼

我想起艾略特的诗句
“伦敦桥上死了那么多人”
而银锭桥的时光俨然在天庭

很快酒吧开始试音
南门涮肉门口在排队
华年转瞬即逝。四处是杨树的簌簌声

故宫

老岳母趴在栅栏上

久久不肯离开乾清宫

她对另一个女人百年前的生活

怀着孩子般的好奇

龙椅雕花暗红

寝宫帷幔高悬

她探着身子细看

满脸溢出笑容

颐和园

一百多年以前
慈禧太后在湖边散步
昆明湖平静如镜

九十年前王国维沉湖
波澜早就平息
湖畔垂柳轻拂

二十年前儿子和他的北京伙伴
在船上比试脑筋急拐弯
湖水明媚闪光

今日我和妻子在散步
像昆明湖一样波澜不兴
只有老岳母兴奋得像个孩子

摩阿记（节选）

1

一只虱子爬过后背和发根
这小东西，在我身上翻山越岭
手反到背后，够不着
微微弯下身子，够不着

摩阿来了。像虱子上身
摩阿走后我就开始痒
当年母亲朝我身上撒六六粉
我还抓住一只

芝麻形，灰云色。在指甲下发出
嗤的一声。夜晚我在床上翻腾
一片月牙挂在栾树顶
六六粉治不死的虱子

窗外传来轮子和沥青的摩擦声

2

那个老人站在屋檐下
远方山坳吞去半边落日
他远离人群。或人群远离他
他看人鼓起大半眼白
当我旋风般穿过他的房门
后面追来一声“半化子”[1]

秋天从红薯地挖出一条草鱼蛇
他放在屋檐下剥皮、蒸煮
田坎下的死猪仔落满苍蝇
他捡回，放在柴灶上熏

有一天他从木梯咚咚咚下来
喊谁偷了棺材里的银花边[2]
一个谜引发四个儿女猜测
猜谜以非凡的形式进行
亮出屠刀，或在神龛下发愿
赌咒和哭骂竟夜不息
棺材墙板和盖板先后开裂

1　半化子，湘中地区土语，指幼年死去的小孩。

2　银花边，即银元，过去曾通用的货币。

3

月光照耀晒谷坪

两根竹杠之间的裸体

粘满杉枝的绿刺

随着民兵营长用力一声喘

他的肉体微微颤抖

我在一个腋窝下瑟瑟发抖

他是地主家的小崽子

胆敢偷公家的黄花

另一个地主婆偷人

被绑在狼山的苦楝树上

人群朝她脸上吐唾沫

一个男人对着她衣领斜出的乳房

砰的一拳。我心一紧

月光下槐花纷纷

4

奶奶在里屋呻吟

谷皮塘的老中医到来

从药箱拿出一片玻璃

涂上酒精，扎进她的舌筋

一摊瘀血换来短暂的安宁

日出之后又传来痛苦的声音

昌灵道士来了，身穿长袍

挥动着长长的衣袖

门楣和雕花床贴满黄符

傍晚天空下起细雨

我站在奶奶的睡房门边

指甲掐进发软的门框

弟弟收起嘴上的长冬瓜[1]

手紧紧抓住我的胳膊

那时多少摩阿也不能离间我们

根连着根的水葫芦在雨中一起颤抖

6

沤池鼓泡。泡冒出，长大

闪烁着虹彩。一只发绿的胎盘

在水面浮出一角

那时五叔挑灯夜读

1　长冬瓜，指乡下孩子把大人丢弃的避孕套吹成冬瓜状的气球。

三个孩子像栏内
三只听见栏门响的小猪

摩阿或许早到我们中间
小路树荫下杀猪匠挑着担子
扯起嗓子喊，“卖肉呃——”

我考上大学。五叔扔掉课本
把一个孩子的户口迁到贵州[1]
没有绳子的、虚无的拔河

谷仓下猫狗对峙，低吼
多年后我时常想起田野上走来
接生婆。水葫芦在雨中瑟瑟发抖

7

早晨。药市飘香
我坐在“百草药店”门口
看人群往来。车辆停靠又开去
整个假期里我只认出一个胖女人

---

1 贵州高考分数远低于湖南，引发高考移民现象。

那时摩阿，对面相逢应不识
就像我不认识陈皮或枳壳
胖大海或决明子

摩阿到来像一块红砖
坐在一麻袋红花里
从新疆辗转来到湖南
像红糖渗进宁夏枸杞
吸铁倒贴砝码下
打了硫黄的湖北麦冬沙沙作响

她远远喊我，走近我才认出
这个“同桌的你”
做了“妻子和母亲”
一脸憨笑，依然透着羞涩

8

他生来矮小，潜心学艺
当身子随着刨子在马凳前奔突
刨花渐渐淹没生活的简陋

石楠下响起炮仗声

笼箱起伏，后头跟着红盖头
我们用口水在窗纸上戳了一个小洞
木头的燕尾榫卯合成形

那时他敏捷，快乐，笑口常开
摩阿到来。他学习新手艺
耍蛇，去城市广场
坐在圆木堆起的金字塔尖

脸色凝重，表情神秘
引来围观者众
金字塔崩塌那天，我想起
他开着手扶拖拉机
颠簸在山阴道上
拖箱里家具和妻子摇晃

10

少时打疫苗，胳膊留下三颗豆子印
摩阿打针，不必撂衣袖
什么药让人如此躁动、灵敏

祖国各地倒闭的棉纺厂、服装厂

堆积的布料、衣服，手套或毛巾
无不成为猎物。你们如此好胃口

我想起八十年代去资江北的纺织厂
流水线上，一个戴白帽的姑娘
有一双大眼睛，羞怯，胆小

保持猫的警觉。夜晚我们坐在电杆下
天上繁星闪烁。沿她的大腿摸索的手
被轻轻按住。蚊子在周围飞舞

当我再次访问旧地。那里窗户
失去玻璃，机器生锈
茅草在秋风中簌簌作响

13

天空湛蓝万里无云
挡风玻璃犁开
三二〇国道层层树影
薄雾轻笼江西
一望无际的菜花

东风牌大卡车
在屯溪的陡坡上轰鸣
铁晚哥嘴里叼着一支白沙烟

溧阳的夹竹桃红白相间
一群衣着暴露的姑娘
在路边招手
我们进入小饭店

夜幕降临，春野闪烁
有人嘴巴一抹消失在犁沟
我上厕所看见厨房
砧板上一只开膛的鸡两脚朝天

窗外水杉在月光中战栗

14

狮子关久了，打开笼门
是否还能奔向森林对着天空
昂首发出一声猛兽吼
在威海，一个靠海的野生动物园
空气带着淡淡的盐腥味

我看见老虎、狮子
像病了一样，终日瞌睡

蛇缠满枯树。太初
它引诱夏娃吃树上的禁果
不发生那一幕后来牛顿
可能不会发现万有引力定律
不会有埃及城突然
在夜晚屠杀新生儿
不会有两次世界大战之后
艾略特先生的《荒原》

一只鸡被游客扔向空中
群狼蜂拥而上

15

初夏，野蔷薇绣着小路
嫩枝淡褐色的叶芽
他摘一枝，剥去绿皮，递给我

嘴里微甜。舌头懂得了鲜嫩
我们一起在田野上奔跑

天空布满一望无边的鱼鳞云

蔷薇谢了又开。鲜嫩的滋味不再
他送来玫瑰，彩纸包裹，丝带扎着
我笑纳却不知背后站着摩阿

他脸上笑容变得老练持重
我只当那蔷薇绿皮经历了霜冻
一起闲聊看上去像当年一样野阔天低

19

他气冲冲跑上七楼，指着我
“你给我滚出去！”楼道昏暗
我走到门口解释。他一挥手
一阵咚咚消失黑暗中

不久我看见他的客厅坐满了人
摩阿在他们中间。我看得很清楚
包租婆头顶塑料环，双手叉腰
那是一部香港电影的场景

我不想去查那个“搅水女人”的究竟

也不看他在商贸城的宣传栏假笑
摩阿之痒又上身。我得忍受

离开那座城市，不因濉水不言
其实我还时常想念
河边小松林缓缓升起弯月

20

九十年代列车向西
表哥和我坐在车厢里
一路说着童年在外婆家门前
掏鸟蛋的往事

车轮的轰鸣仿佛不存在
像两节车厢，我们在某个站点
拴一起，多么粗，那挂钩
可列车启动就开始摩擦

不能松开。高速运行中
分开意味着跟着就是一声轰隆
呜——列车长鸣，从我心底发出

刹车不能，要等燃油耗尽
那时摩阿坐在火车头驾驶座上
两边夹竹桃和黄杨木一路呼呼作响

23

一块十字街口的地
迎着两面饱满的车流和人气
一排银杏的心形叶子葱茏
空中电缆微微下坠

包子铺老板蒸汽中探出微笑
三楼阳台的母亲含着牙刷
目送背着书包的孩子消失在街角
自行车铃铛一声脆响

谁也不知道早晨的宁静
会被一头怪兽打破
巨爪和吼声：砖头落地，灰尘腾空
摩阿，梁柱在吱吱作响

而她像个牛市上的里手
一眼看出那块地就像

怀着一肚子牛犊的母牛
想象那生产的时刻：一头，两头，三头……

24

五月端午。清水江在赛龙舟
无数桨叶齐刷刷划进水里
伴随着阵阵吼声和鼓点

我们坐在会议室开启竞价
标的是窗外那一块推平的土地
正在升起的房子和若干附属

没有吼声。没有鼓点。空气仿佛凝固
数字不断攀升犹如船只破浪向前
当他突破连续几夜内部画定的红线

对方双手一摊，笑着说，“恭喜你们”
惊诧间我看见他的脑门突突冒汗
签字的手颤抖。纸上条款如浪谷

一只龙舟停泊在惊涛中

25

清明前他带我去山上吃社饭
花生米火腿肠的红
青蒿的绿。香米的白
松树下，旧坟前，我们斗地主
旁边小女生裙角扬起

他的妻子约我在一条小巷见面
说不知道他中了什么邪啊
我说“我也不知道”
其时他在凯里歌舞团宿舍春睡未起

摩阿，他老是争当地主
一副牌散在桌子上
槐花满山坡。一块小小土地
他做了永恒的地主

27

四个脚合伙，撑起方桌之名
桌上热气腾腾的火锅
就像我们的事业

摩阿撮合我们又令四个脚
相互猜疑，桌子整夜
不断发出摇摆声

不是地面不平带来倾斜
塞上瓦片也止不住汤水倒出
四匹马朝着四个不同方向拉车

一个脚断裂并没有因为断裂声
稍有消停。更剧烈摇摆
桌上一阵哗啦后空无一物

摆在灵柩前总算归于平静
桌下长明灯摇曳。喊礼人发出哀音
一群鸟雀翅膀簌簌掠过头顶

28

两只乳房在涂油的胸脯上
推着。你的呼吸声渐渐急促
一只手伸出来。被退回去

隔壁包房，并没有摩阿

摩阿在扁桃树下转身离去
一块招牌闪烁着霓虹

到此地你还可以深入
只要掏出内部景点的门票
门砰一声关上一屋空虚

不过海浪一浪推着一浪
所有投海的东西被大海退回
沙子和海水交织着人类的遗迹

泡沫嘶嘶，转瞬即逝

31

夜行火车。车厢连接处
巨大的哐当声
不能阻止眼皮下沉
一只只脚掠过头顶
车票上“无座”两字
仿佛钢印打在骨头上

摩阿在站台上转悠

消失在夜色中

云贵高原灯火稀疏

山影恍惚，不断有桥梁

在脚下发出震动声

早上窗外河流像蟒蛇闪光

站台人群堆积又散开

奔向各自某个空间

某一个位置：当我十七楼的转椅

有一天突然停止转动

一个从脚手架掉下的名字

出现在我的案头

我认识这个名字之时

对应的已是一具尸体

32

喇叭大放悲声，哭得肝肠寸断

听上去比孝子更悲伤动情

我想起爷爷去世那天黄昏

田野边燃起缟铺和大包

一个道士甩着米粒，念念有词
然后抬起他的长袖，闭着眼睛看

他看阴阳。菊芳大伯去里屋问
一脸谦恭的笑进去，一脸沉重出来

那时我胆小，羞怯，没见过世面
不知何时摩阿混在人群中间

耍龙的竹竿上坐着逝者眯眯笑的女婿
哭灵的女人像雾像雨又像风

她哭完去账房结账，提着小挎包
脸上厚厚的妆粉裂开，露出丝丝缝

34

子弹头飞向旷野
隧道发出轰鸣
峡谷上桥梁微微震动
大河顿作舞者
向后一甩的白飘带

一个人群中走散的孩子

踉踉跄跄赶往进站口

没有身份证，人脸无法识别

高铁上焦灼的亲人

已过万重山

他没有荷蒙库路斯[1]的飞行本领

摩阿小表叔也不给捷径

他绕过半个城市来到站台

黄昏，冷雨打落银杏叶一地

35

落地窗玻璃上

一只蝴蝶在扑腾

他没看见，或者视而不见

在一片通开的铺面

他一只手挥舞着

摩阿站一旁笑

他不明其意

1　荷蒙库路斯，歌德《浮士德》中瓦格纳博士在实验室提纯的精神人儿。

我也笑了，他问我笑什么
我欲言又止
那只蝴蝶在扑腾

一年以后前面坪场
升起氢气球架起彩虹门
他戴着精致小礼花
频频向来宾致意
摩阿和蝴蝶，不知去向

他开车上环线
从凤凰奔向铜仁
蝴蝶翩翩转眼一场
大雨，追债电话
把他追进蝶翅的叹息

37

建筑毛坯耸立空中
底层长满茅草
没有虫鸣。只有我
一个人的鞋底
摩擦沙子的嗤嗤声

巨人寂静的垮塌声

就像奥特曼缓缓倒下
无比悲壮，可他们只是早年
看起来像这个时代的英雄

如今总是“你拨打的电话
无法接通”。在高铁站
混过人行通道
再不能在头等舱
享用美丽空姐送来
精致的午餐

过去红毯上的人群中
站着摩阿，笑吟吟
像众多祝贺者之一
风中一片茅草的簌簌声

38

“湘春里”三字
刻在牌坊上
绿字配着石头

天然的麻灰
两边摆开木格窗的房子

转眼拆成空白
长出银杏、石楠、小草
升起宏伟的复地花园
只有街口一栋旧房

窗户失去玻璃
屋顶红旗垂在雨水里
门上横竖钉着木条
没有灯笼和窗花

对弈者都离去
江风浩荡。没有人问
“风还在门里吗？”
不再有“明天见，太太，
明天见，明天见”[1]

1　引自英国诗人艾略特长诗《荒原》之“对弈”。

42

古老的摩阿

该隐在田野上

杀死亚伯

那里草尖至今

在早晨显现血红

索多玛城大火熊熊

罗得的妻子回望

死海南端山脉

耸立起盐柱

林中别墅窗前

迈克望着远方的湖面

一声枪响

弗雷多栽进湖水里

古老的摩阿

在东方

曹植赋七步诗

从朝歌出来

低着头

眼里是怎样的悲伤

和绝望

玄肃之争

又让多少枝叶
卷入秋风的瑟瑟

当年我追随爷爷
上山采草药
一条蛇朝我追来
我以为我已成功逃脱
我以为它早消失在溪水的潺潺中

43

他坐在西水河岸上垂钓
一个嘴唇鲜艳的姑娘
从后面摸他
开始发白的胡须

这是他上会刊封面的第二天
摩阿，什么叫放几个小钱
小小钓饵说不定
钓来肥美大鱼

谁是垂钓者？
摩阿笑得一脸诡异

突然间水面翻出大浪

死神钓走他
他刚进火的别墅上空
飘着氢气球
就像垂钓虚空的钓丝上
微微晃动的钓饵

44

一个带点鬼气的语言符号
长着不同的面孔
年轻而古老

谁又见过？和那人
扶肩搭背，貌似兄弟
或在枕头边吹风
全身赤裸，胸脯雪白
当我走在垠东的椰子林
忽念及，玉人何处教吹箫
灯光闪烁，古典诗句
有了现代所指

莫非摩阿也骑牛横笛
悠然越过民族大道
一路上可遭电子拍照
交警拦截？凉风中
三角梅摇曳

古老而年轻
躺上樱花浴城的水床上
流水中一对乳房缓缓
靠近，摇荡

45

木头合伙烧火
仿佛一个三角形建筑
正在喷涂金碧辉煌

短暂的呼呼声
然后是吱吱声
渐渐出现垮塌声

未干透的树枝在火舌下
青色迅速变黑

水珠冒出最后的晶莹

木头倒在灰烬里如骸骨
摩阿离去剩下一个人
坐在晚境的门前

日落时分微风送来后山
马尾松林的清新
苔藓和蛙皮的幽凉

48

一只蚂蚱停在路边
它见我到来迅速起跳
消失在荒草丛中

这里曾经长满萱草
我在五月的绿苗下扯出半夏
嫩茎一半绿，一半白

纷飞蝴蝶。盘旋苍蝇
安静和喧闹。是非或曲直
稀粥也有分明的嶙峋

现在院坝车辙凌乱，芜杂
飞来的扁担无端终止
一场房屋奠基仪式的香火

一群熟悉的陌生人呆立
眼神模糊，分不出蕨根半夏
大地上流亡者，不止一个摩阿

51

摩阿自带马赛克
摩阿站在人群中间
你无法辨认

母亲说后院大火之后
那个人就买了一把猎枪藏在家
那个人就再不敢拿正眼看她
一根针掉进火灾的废墟

那个美丽的前女主播租期已满
交回我们的房子，干净整洁
妻子特别夸奖了她

我们搞卫生发现沙发侧面
烟蒂烧出的许多细洞
床背面一堆纸发黄
散发腐败的气味

53

芙蓉路积雪闪光转眼间
从高高的树枝坠下

摩阿，下关城花篮簇拥
红地毯一路铺上台阶又如何
闪光灯点燃的脸瞬间熄灭
铁门砰的一声

摩阿，他积累多少财富
就花去了多少积蓄
作为朋友担不起朋友之名
与兄弟相见无语目光躲闪
瓦檐上水花冻成冰凌

一夜白头不单是麓山顶上的树冠

一团雪打在我头顶上

55

栗雨工业园一家土菜馆
展示柜陈列着
攸县的田野记忆

鸭腿的截面露出酱紫
过去的山路点缀蓼红
竹林中农人的面孔已模糊
坛子肉味道如此明确

摩阿，这儿不全是流水线和叉车的天下
摩阿，株洲大道并不比皇图岭和大桥乡之间
曲折的记忆之路更宽敞
领我去攸县的钱海飞
怎么就离了吴一萍

她总笑吟吟，从厨房端出新上市的湖藕
或从酒埠江带回的寒菌
让我们把棋盘暂时挪开一会儿

58

主席台搭建之前
他就围着我转悠
摩阿站在局外
苍蝇也不会围着
一个座次嗡鸣

我没有研究过
座位牌的排列规则
在大人物的合照中
只能约略看出一二
一个非官方仪式
座位牌的次序
却搅得我心神不宁

昨天和上官南华
去金陵墓园拜祭张枣
一个宏大开放的主席台
我们四处寻找
没找到张枣所在位置
艳阳天忽有几滴雨
穿过茂密的樟树林

摩阿不来这里
在河池围着我转的嗡嗡
也早已经消失
黄昏墓园响起蝉鸣

59

又是清明
从金盆岭归来
这是头一回
以前只去老家的坟山
一次次读着那部
树荫中的家谱

太久远的名字
总记不住。父亲
每年都对我们讲一遍
我们挥锄除掉
爷爷奶奶坟头的杂草

还有一个九老爹
说是如果没有他
一大家不会如此兴旺

鞭炮炸响，浓烟
攀上伞形松柏
消散在马尾松林

今天我感觉万念俱空
不时想起姑妈
几个月前还坐在
我家沙发上
现在长眠金盆岭

网上在刷《悟空》
那孩子站在电影院
一脸的茫然
摩阿可懂悟空？

60

湖边闲坐看山
顺手推开一块石头
隐藏的虫子和蚂蚁
一片仓皇之色

操场埋尸案正在刷屏

摩阿似乎不怕“必然”
可否害怕“偶然”
蚂蚁和虫子没有走远

那么多年过去迈克[1]
还是进了忏悔室，掩面哭泣
湖上那一声枪响始终
在耳边挥之不去

他长眠西西里岛
五十年后又是谁
坐在这块草地看云
白鹭飞向麓山寺

61

开福寺大悲殿
我双手合十跪下
不祈求菩萨保佑发财
只礼佛。大钟
当的一声

1 迈克，美国电影《教父》中人物。

当西西里岛钟声急促
大街小巷搜寻着
维多·安东里尼
那个运柴火的岛民
从容走过扛枪人

摩阿不在大殿内
亏心人跪在肉蒲团上
十几年前我在不二门寺庙
求签，祈求脱离困境

大钟当的一声

62

溽暑忽然大雨
大殿檐口挂起水晶链子
神龛里鲜花供果绚烂
烛光摇曳，一片诵经声

繁华大长沙在墙外闹哄哄
墙角芭蕉上
水珠晶莹

多久没淋雨了

雨水中我们跑过树荫

观音菩萨汉白玉像

石拱的小桥

开福寺大门

黄兴路斑马线

仿佛走过一生

荷叶边的檐口

垂挂着水晶链子

我们都不会忘记

这一天亲历的奇迹

第二辑

淤泥之子

2017—2018

重轭

梨木制成的轭
戴在水牛脖上
父亲驾的一声
它的双腿在水田
踢起春水，嘴巴溅出
呼呼的唾沫星

山道上母亲背上
柴禾高过了头顶
她只能用手从侧边
轻轻摆动以示召唤
其时我在后面采野草莓

重轭落我肩上
无量无形，却比井架下
民工肩头的水泥更重
比药市清早卸货的搬运工
更不能“释怀”——
他们从卡车上
抛下一件党参或麦冬

那些油亮的脸闪光

不能喘息。偶尔叹息
在明月西斜、辗转床头之时
不能卸下并非因那眯眯眼
扬言要炸毁我的家
而为那半年只长一寸的渗白头发
为那老男人半夜在大路上号啕
为那白纸黑字上股东的签名
十五个鲜红的拇指印

这重轭卸下之时
并未迎来庆祝的礼花
如削光的木头一根根从山脚
滚向河边：只有刺耳的摩擦声
再无树枝的簌簌声

淤泥之子

走在杨柳的湖堤上
我想起大旱之年
那个孩子在淤泥中两手垂着
笑眯眯俨然一个淤泥之子

甲鱼的爪印像金丝桃
裂缝含着泥鳅背脊的青幽
春天滩涂长出嫩草
草香曾经盈满他的记忆

老鹰的影子在镜中远去
他乘车远行，闯出大世界
站在窗明几净的办公室
满身泥点如暗火燃烧

互泼淤泥。不再是嬉戏
衣服脏了也不是下水的简单理由
快乐再临只在那塘干水尽
鱼儿仓皇、白银闪烁之时

当低处的泵发出一声咕隆
他也听出垂死者的喉音
镀着鱼儿的银镜破碎
尘埃沉淀。他在此处看见

柔软、温润，一个巨大的胎盘
走进人群他有了莫名的慰藉
细雨中新荷摇曳，还有石菖蒲
千屈菜，四野一片沙沙声

凉

初夏。夜雨后。裸露的膝盖沁凉
不是露宿天桥下，夜风的凉
是“春江水暖鸭先知”的先知之凉
不是和父亲去亲戚家
走在腊月的雪地上，那雪风之凉
——那只是睫毛上的凉
是有人在别人脸上刷油漆
那溶剂挥发生出的凉
是《凉凉》[1]的凉，透着哀怨
是该隐把亚伯杀死在田野上[2]
那一刻掠过草尖的风之凉
是迈克站在窗边看枪响之后
弗雷多消失在湖面[3]，彼时寒风
吹动树林的落叶那凉
凉在骨头深处，双脚不安挪动
妻子拿来空调被盖上面
它们慢慢安静，像两叶桨
靠了岸，终于垂下来

1　《凉凉》，电视剧《三生三世十里桃花》片尾曲，由张碧晨和杨宗纬演唱，哀怨动人。

2　该隐和亚伯，《圣经》人物。

3　迈克，弗雷多，美国电影《教父》中人物。

铁艺

窗台配着铁艺花架
蟹爪兰和三角梅开满花
绿萝伸出几条曲线

一缕阳光照在那里
我不禁驻足观看
而忘记后视镜里铁栏纺线
体育馆的自动门禁
有一张斯芬克司的嘴
建筑毛坯生长的铁
长着比榕树更庞大的根须体系

去教堂路上忽然想起家里
停水时龙头没关
一声门响中断旷野
滚铁环由远而近的脆响

病

傍晚，正当我下楼
芒果树下迎面走来三个人
他们为我而来
说了什么，我已忘记

夹在他们中间
我来到了手术室
一片暗绿色的口罩
只露出眼睛和面部轮廓

他们说我有病
我不能怀疑也没法拒绝
麻醉中做完手术
我仍不知道病情的究竟

不痛不痒反而变得剧烈疼痛
出院那天一个孩子凑近我
“你其实没有病”，说完
他飞也似消失在人群中

救赎

又是夜半醒来
听见“豆在釜中泣”
厨房静寂。我蓦然发现
那声音来自我自身，再睡不着

阳台上凉风扑面
一场雷雨后
窗前高高的栾树叶尖滴水
叶片如释重荷慢慢
舒展，复原

天边一轮月亮汪汪

踏脚石

骤雨中众人纷纷奔跑
一只只脚踏在它上面
发出啪啪的声响

那些泥地或草丛的青石
此刻处在动荡中
完全不能自已

像个小孩吃着父亲的鞭子
或一张只有编号的脸
迎来一只大头皮鞋

他们都会在那一刻
本能地眨巴眼睛
踏脚石没法眨眼睛

上空雨打芭蕉
巨大的绿叶止不住晃动
那是在空中，它紧贴大地

像个跷跷板两端没有孩子的笑声
像摇摆的天平无法称量什么
偶尔嗤的一声喷出泥水

那是极端失控的时刻
踏脚石，沉默之物
野蛮磨掉了它的粗糙

像一个个记号通向
宽敞的柏油大道
或爬藤蔷薇开满花的庭院

雾霾诗

月湖银杏黄时
在雾霾中，像披着
一件隔世的轻纱

这世间还有一种霾
口罩不能过滤
躲进自我的房子不能回避
众口传递，慢慢遮蔽

让你无法说清自己
那时你感觉微粒黏在喉咙
一阵干呕的痛苦

银杏立于否定中
飒飒抖落开来，如此清晰

结巴

酒桌上，一些人口若悬河
自从说谎不再脸红
不再心里咯噔一下
结巴也变得像个演说家
旁征博引历史和神话
想象“性”胜过“下半身”

像一个误点的人
火车启动我追着，追不上
势必结巴，在站台上落入孤单

夜深人静我回到那个交谈者身边
我们有聊不完的话题像一对同性恋
他的妻子睡熟了我们在客厅聊
上完一趟厕所我们接着聊
三壶茶喝完了我们还聊

没有打断，当然没有结巴
没有炫耀，自然也不需要掌声
聊啊聊，现在以一片键盘的噼啪

烟鬼

对你的爱，像吸烟上瘾
戒不了了也不想戒
一想戒就会有许多理由来反驳

在湘东一个没有电灯的乡村
二十世纪八十年代末期
我们去扶贫：我一尘不染
他却是老烟枪，不断向我递烟
以消磨夜晚的黑暗

为回馈他，却让自己上了瘾
就像看见你清澈的眸子溪流潺潺
不可能再枯坐石头上

一个烟圈。一个吻。袅袅如爱之形
偶尔伴随一阵剧烈的咳嗽

停顿

早晨我提着小火箱去上学
站在屋檐下怔住了，我看见
一串小狗的蹄印
像花朵在新雪上延伸
那是很多年前一个冬天
在漫长的人生中，细数起来
让你一怔的时刻并不多
比如当她向你仰起清澈的眸子
像一个透明的酒杯去接纳醇香的红酒
比如当孩子胖嘟嘟的小腿在床席上
踢踏，反复踢踏，像击鼓

湿炭

用一耙湿炭封住炭火
炭在平淡中，慢慢燃烧
灶不会熄，不会无端冷却

带钢管烟道的炉子，你得小心
那进风口的盖子，留半个或至多
一个小孔，如经营婚姻

而电烤炉犹如一夜情
热得快冷却也快，只需要合上
或断开下面的开关

煤气炉再不能像地灶
聚拢那么多人，在寒冷的冬夜
炉火的红光映红生动的脸庞

夜深人散，屋后湿炭塘响起一片耙子声

漩涡

希拉穆仁草原。蒙古包里
一个蒙古汉子拿着尖刀
从羊尾剔出一条长长的肥肉
嗦的一声，他的嘴巴
像一个巨大的漩涡

在南宁，夜市排档上
一个年轻的女人吹着一瓶青岛
当最后一点泡沫流进嘴唇
掌声响起。一个凌波仙子掌控自如
却在深夜陷入旋涡

旋涡里，有时是吱的一声
长久的漂浮消解了最后一刻的恐惧
有时是哦的一声仿佛一个女人
饥渴的空洞被瞬间填充
有时是啊啊啊就像踩滑板
在速度中失去平衡

一片叶子在旋涡里无声无息

绞肉机

妻子在厨房做肉丸子
早上七点钟的阳光
照亮了她的刘海和睫毛
额头上沁出汗珠微微闪光

市场上绞肉机的嗡鸣远去
那些经过绞肉机的人们
他们不感觉痛，只是慢慢
发现自身的破碎

比如胆，小到如碎末
比如骨架里再也找不出
一根完整独立的骨头
脸上微笑泛着肉末的油光

借一只妻子或母亲的手
我们捏，捏，或许可以捏出
一个小小的宇宙：它们内部
苦味的大地上空重现鲜美的繁星

四十年

四十年前你用目光
轻轻熨平他的顽劣皱褶
当从镇上回学校
穿过兴隆坳长长的檐廊
乡人倚门笑问
您说，“侄儿子呢”
你的声音爽朗，又有母亲的温柔

此刻他坐在湘雅的病房
看您虚弱像一张白纸
仿佛随时可能被风吹走
呼气像吹火，像临终时的爷爷
他的心微微颤动和您的眼皮
保持着相同的节奏
他的目光，像父亲一样深沉

忍

您躺在摇起的病床上
嘴唇微微内卷
口苦，没有津液，不能进食
眼皮轻合，微微颤抖

疼痛触发疼痛的记忆
您说您放学回来看见奶奶不在草椅里
就知道奶奶又上床了，胃病又犯了
一声哽咽。眼角流出一滴泪

而您忍住腹部和胸腔大面积剧痛
不哼一声。深恐打扰别人
一生都在忍，默默的
不管面对不公，还是任性

窗外一株水杉战栗渐归于寂静

告别

一片柳叶落下
飘向平静的湖面
冬天的枯柳裂纹扭曲

在早春又开始绿意盈盈
但是人总是要在这诀别时刻
才意识到老柳的枯与绿

悲伤的眼睛。日夜的陪伴
再不能帮您拧紧松开的发条
生命之钟滴答越来越微弱

医生摸着肋骨下隆起的部位
无言离开。您曾经穿着灰色毛衣
舞蹈中，腰肢呈现多么好看的曲线

风继续吹

傍晚火葬场的烟囱
升起了白烟
微风吹弯了它
我仿佛听见您的身体
在缓缓关闭的炉门内哔啵作响

不是门扇嘎嘎作响
不是炉子里柴禾呼呼燃烧
那消逝的老屋，您坐在门边
南风吹动微卷的长发
母燕归来引起燕巢一片喧嚣

光

一道光穿过老屋的窗棂
您如此突然的离世
震动了它，当火化炉的炉门缓缓关上
我仿佛看见您在光的隧道升腾

一粒粒光尘，多么微小
像蝴蝶斜斜地飞，无法捕捉
从阴影中羽化，多么明亮
贯通了时光：一道逆势而上的水渠

试纸

您进入现在完成时的寂静
伴随着低沉的哀乐
失声如捂住的水龙头
水柱飙得更远

您一生熔铸爱的形象
现在就像城市广场淋雨的雕塑
更加明晰，带着泪的光泽

这是您最后一次召集我们
以无言的邀请
一切的裂隙暂时被悲痛填平
不同道路上的人归于同一个行列

您的死犹如一张石蕊试纸
测出那日益稀薄的、仅存的人性

悲伤

后院打了一口新井
早晨我前去查看
在手电光的照耀下
小小孔径深处波浪翻滚、闪亮

钻机抽离以后，热烈归于寂静
寂静的涌流，却不能让我愉悦
虽然过去了一些时日
我仍想起您突然的离世

您是如此深入我的生活
离去之后的空洞如这深井
岩缝之水从四面八方渗来
鲜活清亮如小鱼儿翻飞

太阳升起在峰顶，大地平静
小鸟扑翅，树枝微微战栗
谁都知道这块土地不再会出现您
谁又知道这深井的汩汩涌流

睡莲

水面上睡莲
铺满咸嘉湖一角
从蜿蜒的水上栈道转折处
我看见蜻蜓停在花中央

有时我会想起
您长眠远处蓊郁的金盆岭
仿佛这一片土地与我
发生了更深的联系

现在我当您是湖面上
静美的水上观音
一个词语失去原籍
却获得新意生长的肌体

晚风带来麓山清凉的气息
湖上芦苇微微地战栗

读奈保尔《告别仪式》想起

去年此时，我把车
停在湘雅的地下车库
她从轮椅上慢慢下来
借着我的手臂上了后座

一年过去，我的手
仿佛从她腋下刚抽回
依然能够感觉她的体温
和正在衰减的呼吸

短短一年表妹
比我更快地成熟
像一个老人和她说话
对着大理石墓碑

死者腾空的床铺
护士换了床单
仿佛它从未被弄皱
一片耀眼的空白

今天去金盆岭墓园
9 排 20 号，新地址
一个新门牌号码
省去许多东西

比如门锁，比如家具
她在墓碑上微笑
我们悲痛的皱褶
依然没有被春雨熨平

一年前的告别仪式
强忍的哭泣如捂住龙头
死者腾空的床铺
有人在酣睡

归来

我悄悄从后面扳倒
坐在桃树上玩耍的小堂妹
她就地打滚，哇哇大哭

大爷爷拿着一根开着口的竹棒
向我追来，地上一片沙沙声
我围着沤池兜圈，直到老人扶膝喘息

那时桃树和芍药地开满了花
平坝两边的沤池水葫芦一片碧绿
土堆上鸡和小狗四处窜动

这个曾经的生活中心之上
现在堆满了红砖、砂石和琉璃瓦
重卡车深深的车辙泥泞、凌乱

积水反映天空：白云移动，陷入寂静

日子

日子就像牛毛细雨
甚至雾气
洒在树林无声
落在草丛无痕
大地微微湿润
转眼风干在太阳下

荷叶挽留它们：滚圆，晶莹
摇摇欲坠又光辉闪亮

桥

破损的危桥消失
像一个人永远离去
可是在这片河流之上的空中漫步
从未停止：在梦中，在谈话中

我记得那桥洞下五月的清凉和波光
正是从那里下去，牵上她
一只小舟载着我们划到了现在

墨线

他摇动墨斗的把手
随着吱吱的叫声
带锥子的墨线
像小鸭子跟随呼唤声
归了黑黑的小巢

那时他正值青春年华
直起身，仿佛松了口气
而我更年少，盯着墨线绷直
在他的手指勾起、放开的刹那
木头上出现一条溅满墨点的直线

他荒废了少年手艺
世事如墨点，独少那一条
精准的直线。而我在键盘上消耗时光
噼噼啪啪如飞溅的墨洒落
无非在找寻岁月里墨线的印记

没有它，锯子的密齿会咬向何处

离心机

拇指轻轻一按
离心机启动
黑色液体从旁边出口
哗哗地流出

再按。转动停止
像一个短跑选手到终点摇晃几下
高铁的纺线中
露出白雪的原野

我们一起铲出晶体
她因为用力露出牙齿雪白
我双臂一甩
急转身拉伤了腰

瘫坐在地，两手支着
她靠着墙对我不无嘲讽地笑着
可当我挣扎着起身
她急忙搀扶

手臂传来世界另一极的电流

锉刀

他斜坐马凳上
锉子每一次上翘
锤子同步扬起在空中
那时我站在堂屋门口笑眯眯

一个小小长方形
或圆孔，一个为“结合”
细细琢磨的词

燕子飞来。锉刀发光
隔着木头轻轻锤击
最后的结合完成
在生活长期的触摸中
露出活的光泽

没有经历锉刀的“撮合”
分离比按下开关还容易

我们坐在夜晚的房子里
黑暗中彼此猜看
灯亮起除我没有第二人

锯

你我之间，恩怨来回
没有铿锵的节奏
只有无形的碎末

我想起幼年看拉锯
两个人一仰一起如风中树枝
哗然如春瀑泻潭

楔子

楔子打进劈木
发出嘶嘶的声音
裂缝不断延伸

一个反对派
揳入我的事业
如此尖锐。当从来电中
听到他出了车祸
我立刻赶往雨夜的独山

桂新高速红灯闪烁
小红旗车头完全变形
他夹在方向盘和座椅靠背之间
头歪着，嘴角流血

楔子拔除了。并没有松口气的感觉
他随行的小情人毫发无损
从一丛夹竹桃后离去
平静，从容，没有悲伤

木条仿佛失去张力。带着微微的沮丧

雨刮器

挡风玻璃上溪流
淹没世界，雨刮器开合着
发出轻微的摩擦声

在黑暗无边的原野上或山林里
氙气大灯劈出道路，又被暴雨覆盖
雨声浩大，它多么微小

不能拨开黑暗犹如一只蜜蜂
不能进入透明：它在窗玻璃上嗡鸣
听上去更像哀恸

可它如此强力的节奏就像
暴风雨中的桨手，从反复的遮蔽中
顽强摇出一条水路

听雨

雨点打着窗玻璃
水痕楚楚可怜如同女儿
昨夜站在学校的铁闸门里哭泣
妻子把手伸进去

树冠上小鸟飞向远天
空巢如冷清的房间
一片哗哗包裹着寂静的空洞
夜晚再不能在雨声中酣眠

秋天一场冷雨来袭
遍地都是寒意。黄叶飘零
一代人上了堂屋的神龛
雨水洗过的山岭格外肃静

樱花树叶尖雨滴晶莹透亮
我庆幸还有理由坐在亭子下，听雨

远光灯

夜晚行驶在高速公路上
对面远光灯射来强光
让我瞬间陷入目盲
目盲的恐惧：面对重机枪的听天由命
或悬浮太空的四脚漂浮

它熄灭了。我就像脱离了死亡线
相互的打开和关闭。像萤火虫
勾勒黑暗的原野
像“开闭开”[1]，像情人眨眼

早上我回到文明世纪
等待清洗的宝马，引擎盖布满虫蛾的尸体
我有一种幸存者酸涩的喜悦

打了蜡的漆面微微闪光

---

* “开闭开”，以色列诗人阿米亥诗集名，指犹太教口传律法《塔木德》描述的婴儿在母体内嘴巴闭合肚脐张开，到出生时原来闭合的张开了，张开的闭合了的情形。

音箱

漂泊在外，房子久不住
一对音箱落满灰尘
老鼠咬断暗埋的连线

擦净表面，镀铬装饰条露出
斑斑锈点，“爱浪”的标识
仍清晰可见。我们在家电市场
转悠一上午，最终选定它

你拖地。阳光照临半开的窗户
它的网面微微震颤
飘出克莱德曼的钢琴曲

现在它们像两个哑巴。比哑巴
还哑：没有咕哝，没有手势
却变成两只无比灵敏的耳朵
一个先知般的倾听者

当你噗的失笑，或大放悲声
它们发出一阵寂静的战栗
聚集词语全部的动静

窗棂

木格窗棂不再有
自然也没有了穿过它的光
一道道斜向天庭的水渠
尘埃如逆流而上的鱼

当年她站在那光中梳妆
年轻的身体布满光环
小姑妈，那时她长发及腰
晨光中胸脯微微起伏

现在化作尘埃、空无
空无里我看见更多的她
从各个年代塑造她的丰满

老屋窗棂化作火焰
光失去它的制作大师
站在光的浩瀚中，多么茫然

吹风机

从房间传来
吹风机的嗡鸣
想着女儿的脸斜对镜子

上个月在佘湖山
走近悬崖，微微眩晕
我已经没法像三十年前
站在天子山顶欢呼

当然也不用扑在护栏上
从过街天桥看风声中
车辆鱼贯长沙
不必站在窗前独自看
雾霾中秋风吹黄月湖的银杏

无须什么人吹风
一眼看出苍蝇在纱窗上嗡嗡
接下来会有拳头锤击会议室桌子的雷鸣

只是没有一点风声

如何就有悲痛如大雨倾盆

房间吹风机嗡鸣如蜜蜂飞临油菜花地

榨汁机

刀子下苹果或桃子
切成小丁丁
锥形小口里一阵激烈的吱吱
之后是平和的嗡嗡声

我们身在无声无息的榨汁机里
渐渐面目浑浊
存在之核孤立
相互挤压除了我和你
还能有谁从对方找到各自的完整

舌尖酸甜加剧但永失
那些明媚的时光
苹果树上少年扯动枝叶
桃树下仰望的小女孩眼眸明澈

半块镜子

光影在墙上摇曳
院坝水洼闪光
我从房里拿来半块镜子
在老墙上照出一个小太阳

它移动，灵巧，轻盈
有时奔向阶檐下一张脸
那人眼睛眯起，手伸到额上
搭起一个遮阳棚

半块镜子含着锋利的刀锋
从来没有见红。背面的土红
那时我不懂它的毒性

光的寓所。两代女人的妆容
老宅的地基上升起大理石新居
墙上没有小太阳飘忽

菖蒲颂

湖边一丛菖蒲含苞待放
我走上前去，摸着
饱满的花苞如此鲜嫩

老茧的手迅速找回
一种湿润而柔软的感觉
像当年摸着妻子隆起的孕肚

开门时刻，她总是露出
慵懒而清澈的笑容。走过夜市摊
依旧克制不住对嗦螺的欲望

塘湾车站：简陋，混杂，四处闹哄哄
她把淡红的乳头塞进孩子的小嘴
乳房伴随着吸吮声微微颤动

“孤独的牛仔包”

花架上爬满紫藤
他脸上青春痘暗红
写在一张小纸条上的诗
我只记住它的标题

“孤独的牛仔包”的孤独
换成德国宝马，奔驰在
北京二环和三环，一只手
探着五月风。吹着口哨

什么时候换成苦涩、无奈
换了妻。在长沙。湘江水枯
他停泊在码头的运砂船
像一种绝望面对时间

二十年过去，孤独回到牛仔包
我们说起它，里面又有钥匙在响

玻璃店

你让玻璃采撷光明
玻璃赏了你一个平面
压扁的身体，嘴角流血
倒塌的玻璃裂口耀眼

你在他店里干了十年
他也在这个外省的城市
从没有窗户的门面
住进落地窗敞亮的楼房

每次走到南新东路
我远远就看见那个四楼的窗户
玻璃闪光，映着扁桃和云天
可当他和那个哭泣的未亡人争吵

我仿佛听见那儿玻璃也一声脆响，裂开如刀锋

初秋

眼睛如窗玻璃
蒙上薄霜
看人和事却更清楚
一个倏忽的眼神
让我捉住它的尾巴
总是提前闻出一场盛宴的馊味

渐渐远离一些人、一些事
渐渐陷入孤寂。秋天的树林里
一把空椅子上一片落叶，披着晨光

结

小时候两个堂兄弟
在一起跳绳。绳子甩过
女孩子们腾空的脚

灰尘轻扬，绳子宽松
一块屋场地却让它
在他们之间打了个结

他现在去老屋场外盖新房
把挡土墙包给堂兄
单价高点只想解开多年的结

白发的堂兄，放下一块青石
抹满灰，直起腰来用衣袖揩汗
他站上面说，进屋歇下喝杯酒吧

三杯酒下肚，堂兄躺在沙发上
小睡。再没有醒来。解开的绳子
打成真正的死结

化财之时打卦，怎么也不出
阴卦[1]，那个长袍广袖的人说
哦莫不是让子女不要去怪罪叔叔

啪。阴卦。“就像活的一样”
旁边一个老人说。火光中戴孝的脸上
紧扭的线条一齐松了开来

1 按老家的习俗，人死了烧纸钱衣物称化财，由道士召唤亡灵来领取，两只卦扑着为阴卦，出现阴卦表示亡灵到场，认可了祷告者的话。

悼狗辞

落地窗映着树影
琉璃瓦屋顶闪着微光
老屋让给空坪
杂屋上升起新房
狗窝深埋在花园下

波斯菊和百日草摇曳
院子寂静，没有狗吠
那时车门未开启
小黑就从雪地奔过来
小黄在山坳上摇动尾巴
当我最初远行之时

再没有小花狗
伏在脚尖上瞌睡
不会有深夜的狂吠
爪子抓得房门哗哗响
当后院火光冲天之时
没有对落日的轻吠
岩鹰渐渐消失在天际

一家人团聚在一起

饭桌上笑语欢声如常

水从看不见的地方升上屋顶

铁箍在不断长锈

没有狗的走动

石楠

一身长衫，戴着眼镜
英俊的六爹从南边来
走过祖宅门前的塘基
石楠枝叶繁茂晨光闪烁

年轻时六爹替八爹
去相亲，又接回轿子
石楠树下炮仗响起
红盖头罩着八爹的新娘

秋天石楠果实落一地
八爹瞒着六爹去石坎里
抢了一单六爹谈好的生意
“这不行，你家哥哥交了定金”

“宣政老爷要，你敢不卖”
扑空的六爹气冲冲回来
从厨房拖出一把杀猪刀
八爹奔向石楠树下

曾祖母跟出来拼命呼喊
晕倒在院坝的水沟中
八奶分居半生。风吹百年石楠
开了杈，空了心，树洞隐约有雷鸣

藕煤

卸了一车水泥
他坐在砖头上
从布袋子里摸出
一瓶二锅头
喝了两口
笑着和我说话
一脸灰色露出
一点唇红和牙白
我知道他曾遭遇
太多的不幸
就像一块藕煤
藕煤弃置在墙角
孔里长出青蒿
他满身的孔吐着
最后的火焰

烟灰缸

一个大陶缸，豆青色釉面
呈现铜官窑的火色
妻子一面唠叨我抽烟
一面从靖港古镇
买回这个宝贝

简直一个小宇宙
长长的烟灰无声落入
那时我在老子的玄牝之门
徘徊已久或随亚伯拉罕
眺望迦南的应许之地
或看卡佛在海边玻璃房写下
“香烟那活泼泼的倾斜”
当他得知得了癌症之时

烟头烟灰满了又被清空
又仿佛一片空之海
有着宁静的潮汛
父亲坐在沙发正面
我陪在一旁。我们几乎

不约而同将烟灰弹入
像两滴立春日的雨

而当我需要腾出手来时
一支烟就夹在它的小小凹槽
对面对称的位置空着
虚实相对，像南极和北极
中间偶尔闪现极光

声音

龙头没有拧紧
深夜从厨房传来
一滴水的空响，隔一阵，又一声

终于从众声喧哗中
或一根管道里集体的沉默挣脱
如此清脆、干净

大雨哗哗你能听清哪一滴水的声音
鱼儿吞下吊钩之时是一阵什么样的水响
说谎的声音就像泥石流

一滴水的空响镂空了一个春夜

地铁

从陡峭的扶梯下去
墙上桃花源风光慢慢高过头顶
我不断深入它的流水

在北京第一次乘坐地铁
二十世纪八十年代末一个冬天
早晨从西站出来被两个喊客的大汉夹住

我挣脱出来，进入地铁站
一滴水汇入那热烈的地下河
每一个站点出口都有一片风景

故宫、颐和园和八达岭
桃花谢尽、红地毯闪耀和炉膛熔铸
高峰时间过去。最终停靠于一册薄薄的诗集

位置

办公室已经没有我的位置
报纸新闻版多年没有我的位置
扎红绸的麦克风前
站着新一代人

水从一个地方舀出
四面的水迅速恢复那个平面

我穿过无人的人群
月湖树林里长椅虚席以待
浏阳河堤上每一块草皮都可做蒲团

一个孤寂的位置波光粼粼

石榴

樱花谢去。石榴接着红
像碧绿的柴禾中
又火焰闪烁

暴雨击打浓荫。树枝纷纷颤抖
在喧嚣的中心
石榴默默红

我走在雨中。到了中年
落落不群如雨中石榴枝
在风雨中摇晃

大雨急切表达
风抢过话筒
石榴暗红：钻石生成于孤独中

天空

我们坐在浏阳河岸
天空没有一丝云彩
心里变得河水般明净

时令已到深秋
小径上铺满黄叶
风吹落树叶也吹走阴霾

你坐在身边就好比天空有阳光
镶着金边乌云看上去也轻盈
河道上涌来凉风

谁骑走了我们的小黄车？由它去吧
秋英开满空旷的河湾
一群白鹭飞向洪山寺方向的树林

篝火

一堆圆形火屎
早被风雨抹去痕迹

现在它变成一个词
像小时候你对着灰烬吹
它渐渐明亮起来

那是在邻县双峰
一片远近没有人烟的荒野
一堆人围坐篝火边
严寒中守护着一个冻僵的孩子

我少年发疯出走的小表弟
悲伤的母亲寻他的第七日

寒夜大地编织一个灿烂的花环

画饼

小小的椭圆。乳白泛黄
裁缝用它在布匹上
画下直线或曲线
奶奶用它在碗柜门背后
写满亲人的生庚时辰

早春的薄阴传来父亲的声音
“今天莫是南姐的生日？”
奶奶走过去打开碗柜门

一条水泥路连接
南姑和我们两个家
砂和石子激烈摩擦
水泥没法调和

像裁缝画线。剪刀咔嚓一声
一分为二的布料从此
分属两个无法缝合的世界

裂隙

1

窗外传来补锅匠的叫喊
声音来自一个小音箱
复制的声音
小三轮上的张望
消失在街口

小时候时常看见补锅匠
吊着长长的调子，走过乡间
一个女人接住它
他就坐矮凳上，举起铁锅，将头探进去

我也将头挤进去
看裂隙的光
如同小伙伴们趴在窗下的砖堆上
从裂开的窗纸
窥看过门的新娘

那时冬夜有厚厚的雪，泛着暗光
爷爷灶屋里地灶围着

几乎大半个院子的人脸

后院春上绽开向日葵

2

秋后。一片龟裂的田野

萧索里见苦寒

没有规则的开裂有着我彼时

还不能领悟的秩序

秋凉了，我依然赤脚奔向塘滩

寻找那些裂隙里

泥鳅脊背的青幽

3

每逢过年去外婆家

舅舅们喝了酒

脖子上青筋凸起

几乎从身体跳出来

同母异父是裂隙的成因？
四个舅舅剩俩，同母同父
同一个屋檐。去年春节
二舅在塘边说，下辈子变牛
都不和“他”共田埂吃草

我知道他说的“他”
不知道裂隙如何生成
卖砂罐的外祖父从未教我识别砂眼

远远一片草滩布满裂隙如静脉

4

父亲把酿酒的木桶
浸到水里，裂缝渐渐闭合
毛刺像哗变的队伍
归顺于温润

五叔在裂开的木头间
塞进一个木尖
暗暗一锤，裂成两块
轻轻一声啪大过带锯的喧哗

曾祖母日日洗刷的锅
在后院杂草丛起皮，开裂
一片锈红。老屋垮塌的屋顶
如一个巨大的漏斗

闪电，傍晚世界的一道大裂缝

5

裂隙里眼睛，有壁虎的眼神
裂隙里的人生，如掏空的柴堆
仿佛一种饥渴

裂隙是什么

淤积的伤，春上变天隐隐作痛
却长不出新芽，不像枯裂的柳树

虚掩的后门。从那里
吱呀一声摸进来
不是一团光而是向着熟睡的你
“亲密”的机心的潜行

干裂的唇，开口，说不出话

6

化成火之唇：这点着了的人们

喷吐着火焰

一如二舅和三舅

一如姑舅家的表亲

一如上司和部下、合伙人或股东

一如我和这久旱不雨的世界

7

离异的五叔

将更多木尖塞进

裂隙，造出火焰易食之原料

得子宫癌的四娘满身嘴巴

终日在门前喷火

烧毁了从前那口语言之锅——

饭勺声音的温软

锅铲言辞的清脆

长柄勺从墙角水缸上

发出的晶亮音符

8

这些度过干旱岁月的人们

陷入更大的干旱

我看见更多裂隙裂变出

广大无边的荒原

摔断腿的八奶拜着凳子

走出乱石堆，她从小淤桶

舀来的黄金之液

救不活奄奄一息的豌豆苗

莫言的淑贤[1]，我南姑

有共同的裂隙：“看不出什么损伤

可感觉它细而深的缝

暗暗在低泣，在增长”[2]

1　莫言，中国当代作家，诺贝尔文学奖获得者，淑贤为莫言代表作《红高粱家族》中的人物。

2　引自苏利·普吕多姆（Sully Prudhomme，1839—1907）名作《裂缝的瓶》。

9

正月初头，春寒未尽
我和父亲炉前枯坐
他斜倚沙发，发出轻微的鼾声
山墙尽头垮塌的老屋
巨大的裂隙
成为风之声带
发出旋涡般的声音

那是裂帛之声，不是语言
那是门缝蹿出的火焰，不是岩缝喷涌的清泉
那是巨蟒之音发自某个隐秘的山洞
如咒语回荡在我出生的乡村
我行走的街巷、我目睹其渐渐裂变的
这片古老的国土

窗外传来补锅匠尾音长长的叫喊

第三辑

长笛

2014—2016

搬家

长沙发下露出
一把梳子
因失去乌发里的泅泳
而枯萎。灰尘
充盈齿间

从平房到楼房
我搬动自己
离开梧桐树、晾衣绳
窗台上的鸟鸣
台灯的橘黄

离开食堂的红椒炒肉
澡堂的歌声
孩子为一只小白兔
写下的悼亡日记

那儿院坝空旷
一场简单的葬仪
曾经把它布满

苦楝树上一轮明月孤悬

电梯没有送我到达

想象的高度

月亮看上去更遥远

在一起

风钩挂进小孔
在一起，共同撑开
一片春日风景
风中发出咯吱咯吱的响声

嘈杂的候车厅
你紧紧抓着我的手
那不断涌来人浪把姿势
冲变了形

你抓紧了我
当脚下一片水洼——
慢点，扶着我的肩
一块石头让我们

免于被一团浑浊沾染

边界

一只金鱼游弋
突然转身
肚腹鳞光耀眼一闪

碰到玻璃壁，不停留
我也很少停留
我们住在透明的日子里
看似没有边界
辽阔如大海或平原

入夜电话传来友人的死讯
一瞬间我呆立窗前
正是惊蛰前后，天边划过闪电
雷鸣滚过静静的、灯火闪烁的城市

魂归株洲

三月白云飘过龙泉路
自行车后座上
戴芬转过头
铃铛清脆。树干上
落满白色的鸟粪

王敏从西藏来
抱吉他，奏响拉萨谣
宿舍楼前晾晒的被单滴水
朱方南和李垠一起
蹲着门口吃饭

黄铜钥匙打开记忆
房间的幽暗露出裸体男女
集体宿舍的戏剧
剧中人慌乱穿衣
颜晓东枕边可还是吴琼？

大雨打歪美人蕉
反应釜咕咕像鸽子

我累倒在地微微喘息

罗玉兰够强壮，靠着扶梯眯眯笑

窗外光线渐渐暗淡

电影院台阶上空等一场的乡村籍贯

湘江一桥上扶栏的共同俯瞰

水草描绘时光

南郊夹竹桃盛开

坐在悬铃木下，石医生白了头

面对办公楼的废墟

京广线上高铁嗖的一声

围挡

人行道又竖起围挡
我只得绕道而行
这里银杏树刚刚扎根
好不容易见出长势
修身的茶树开满红花
灰蒙蒙江南初春唯一养眼之物

被围起来好像刚发表的文章
又撤回去修改
像孩子生下不久的夫妻
喊离婚就一拍两散
树荫里蔡锷将军骑马仗剑
一群民工坐地抽烟

我倒回来要看个究竟
透过一线缝只见草皮掀开
杜鹃和黄杨根须裸露
在冷风中微微战栗

界线

一堵墙轰然坍塌
灰尘腾空，落下
把她活活掩埋

我冲上前去
从尘土里挖出她
把她送往医院

她的胸脯不再羞涩
压在我的背上
我也失去对柔软的敏感

平时我不敢碰她
只有她偶尔几个人大笑时
头往我肩上一靠

我们住在大海的房间
一米外是深渊。海水幽蓝
越过它，我们就淹死

月亮

父亲把我扔在后院的草坡上
朦胧山脊上一轮皓月
让我止住了哭泣

与母亲一起去公家地里摘辣椒
它淡淡挂在天边，像从附近村庄
远远传来的一声狗吠

当你和我，在武装部的围墙一角
拥吻。第一次。月亮照耀屋顶
水杉的针尖微微战栗

而垂死者眼中的月，是镰刀
还是一滴擦不干的泪？当她艰难地
支起身子，透过车窗，最后一眼回望家门

高墙电网上那一轮月啊
照耀我的困境，它的光因刺刀的光
探照灯的光，而显出仁慈

此后我欣然接受它的宗教

当它高悬中天，像茫茫夜海上的航标

或低垂瓦檐，像一只灯笼

盐

小调羹在空中
停顿一会儿，一抖
——盐，还是洒了下去

奶奶口味淡
可总拗不过爷爷
他们的争吵声伴随着楼板上
燕窝的唧唧声

奶奶去世后，爷爷时常
长时间坐在灶边吸烟
水烟筒发出一片咕咚咕咚

他的生活，像突然盐缸没了盐

父亲

“从这张照片就看得出
现在颈脖都干了”
父亲坐在沙发上
说完身子朝靠背缓缓靠去
手下意识抚了一下右边的头发

他仿佛驱赶一只感觉里的蚊子
我们一时陷入话语的塌陷
这是父亲少有的姿势
大部分时光，他在门口低头刨沙石
或仰首，把干草甩向牛栏楼上

挂在墙上的照片，摄于十年前
正是我乔迁新家，父亲五十八岁
戴着一副金丝眼镜，牙齿微露
整齐洁白如同葵花籽

致女儿

只有拘留在一个地方
我不会焦虑、反抗
那就是你的血流

你回来像一个美丽的看守
打开早晨的铁门
你让我做任何工作我都乐意
那改造等同于鸟雀在树枝上晨读

你不在。在一把锁的幽禁里
我卧听溪流潺潺：感受我们全部的在场

假山

乡间别墅的后花园叠着假山
石缝里流水淙淙
凹坑栽着兰草
坐在水里的山脚
长出梭鱼草和石菖蒲

石头起了青苔
看上去假山已经不是假山
但只要洞晓它的主人的秘密
远远就听出流水的谎言
喷泉的机心

不过是他一生虚假的具象
永远不会成为奔龙公园那一座
下面一个山洞曾经引我探访
低头进去，后面牵着她
两个人密集的呼吸
一个月夜里幽暗的天堂

躲猫猫

她站门边，眼睛蒙着黑布
你竭力躲到她的想象力之外

开始了，她摸索着
偶尔一个“掩体”的缝隙
漏出强忍不住的笑声
总是以一阵快乐的拍打告终

结束了实际上它从未停止
现在她拿着望远镜寻找
你躲出她的孤独之外

最终推门而入：一阵赤裸的慌乱

呼吸

你躺在床上
隆起的胸脯微微起伏
窗外青山起伏
更远的大海起伏

在青和蓝之间不是黛
而是你的皮肤的洁白

希拉穆仁草原

雪白的蒙古包
烧红的铁条
一只全羊吱吱冒油
八月草未黄，旗杆上
没有朔风呼啸

尖刀割着羊尾肉
乳白的、长长一条
一张嘴吸进去
发出漩涡吸物的尖叫

远处羊群低头吃草
缓缓移动在
美丽的希拉穆仁草原
它们没有名字
只是做了标记
像囚犯只剩一个编号

它们沉默，没有忧伤

云朵般涌动——

我不是矜持，不是害怕

“草原白酒”浓烈

一时想起这平坦的草原

竟然也布满漩涡

在长滩岛

一个年轻的父亲扑在海滩上
看得出，是个欧美人
他不断捧起海水中的细沙
卷发的孩子，大约不足两岁
在旁边不断将它打落

远处是椰子树和螃蟹船
泳装的妈妈将嘴挨近海水
仿佛在嗅海的气味
后面翘起浑圆的臀部

不是它而是这一对父子的举动
吸引了我。那个爸爸以微笑
回应我的微笑

世界陌生的两极
被一道电弧瞬间焊接

沙

越往南走，沙子越细
直到星期五海滩
细如泥，卷起在海浪里
除了本身没有附着物或
至多附着一些海草什么的
被泡沫淹没
只在短暂的一阵嘶嘶中
便又呈现自身

脚掌下的坍塌
一只脚封闭的世界此刻类似
一间没有窗户的审讯室
脚掌是那唯一的门
脚能感知它温和的抵抗
仿佛文弱的外表藏着
一个坚韧的甘地
现在它如有内心应如那远处
浪里激荡的无形

在长滩岛，当孩子们蹲在
她们堆起的沙雕前
竖起剪刀手，露出微笑或鬼脸
它仿佛又是甜的，如奶酪

帆船

三角形的白帆。或蓝色的
点缀着大海。噗噗发声
一台快乐和尖叫的发动机
当它向浪尖腾升
又坠向浪谷
海水打湿屁股

那拉动着缆绳的船工
皮肤黝黑、眼神专注
他洞晓风和海浪的秘密
冷静如一块礁石
海浪在喧哗

肌肉上的盐
闪烁着落日之光

帝王 SPA

长滩岛半山一静幽处
门楣嵌着“President”的字样
茅亭，石阶，流水和芭蕉
并无内宫之奢华
两排统一着装的女按摩师
列队问候不像国内会所
盛装小姐那么大声
当她们跪在你面前
双手升起将你的手拉至额上
这古老的礼仪顿时
让你获得帝王般的尊荣
在天空和大海之间
鸥鸟开始飞翔
在天然大理石的浴缸里
我们被玫瑰花瓣包围
又被温泉解放

天堂花园

“天堂花园”的小径
通向波光粼粼的大海
我有些摇晃，不是当初
学步蹒跚走向人世的大海

涨潮的大海永远激情饱满
我再不能浪花四溅
让少女们雀跃、欢呼

走在海与滩之间
你的脚印和我并行
明晰的形状
转眼湿润、发亮

沧桑得真成了礁石
总有一片海相伴
你的走动便成了我的走动
你的言语便是我的言语

观海

一个僻静的海角
一个人和海浪对视
一个又一个海浪滚过来
一个又一个在沙滩消失

泛着泡沫，嘶的一声
犹如消逝一代又一代人
而当它撞上礁石
一片绚烂的轰响

菜市口的先驱者之死
或十字架上的蒙难
行刑的刀尖闪亮。喧哗
成就一刻伟大的静默

海浪消失。沙子湿润
并无利齿：啊，那个春日
父亲站在自己的墓地
看着两排翠柏微笑

当周围的风声隐隐如涛声

斜坡

一莞莴笋在早晨的白霜中
嗤的一声，叶茎处
一刀削出一个斜坡
伴随着叶子的沙沙声

一个远房表哥年轻时
在分路碑上写反动标语
他吊着一块大牌子
在镇上游街，走路有点
像我今天这样

中风如塌方，身体出现斜坡
我是欲望的历史和身体的今天
清算。塌陷正是那亏空
作为一个丈夫亏空妻子的
作为一个父亲亏空孩子的
作为一个人亏空四季美景的

斜坡。覆盖着积雪
在那里滑倒，小火箱打翻

木炭在雪里吱吱作响

他们躺在雪地上咯咯地笑

那中间有我。那时候我拥有

这个世界大量的美好盈余

病后

抢救室的一切
像一场暴风雨或暴风雨般
忙乱的作战司令部
滴滴声不绝于耳
一片指示灯闪烁

之后一切更清晰呈现
女儿蹲在脚边，清澈的眸子
像滴水的树枝
妻子站在梳妆台前
伸展出依然好看的腰身

远处的坡地流水闪亮

水缸

很多年前老家灶屋角
有一口水缸，早晨或黄昏
会发出哗的几声

小小瀑布。哗然而后释然
夜晚万物都睡着了，当大雪压顶
整个村庄陷入无知，它醒着

波澜不惊。像活在回忆里的故人
清澈晶莹。贫穷岁月的凉荫
荡然无存。富裕时代流失的良心

一只瓢在清水上静静浮着

晾衣绳

一根结实的麻绳
连接两棵刺槐
她踮脚把湿被单往上甩
露出好看的腰身
一边和一个长者说着话

大雪过后，太阳出来
背风的山墙下长凳坐满人
长衫长者眯眯笑着
猫扑在脚尖半睁一只眼
被单渐渐轻快。晾衣绳颤动

他们身后，楚地的丘陵连绵起伏
若干年后沪昆高速横断祖坟

猫头鹰的啼鸣

堂屋里，瞎子老弟弹棉花
咚——咚。节奏明快
竹垫上新棉雪白，渐渐成形

父母去世前让一个孙子过继给他
棉花弹不动了他给人算命
探路的竹棒开口在石板上沙沙响

春天连绵大雨。群山之巅雾气缭绕
不去。你想着娘家的瞎子老弟
一个人住在破漏的老屋

站在门前号啕。死娘那会儿
你都没哭得这样伤心：瞎子老弟雨水绕膝
微微颤抖。猫头鹰的啼鸣一声接着一声

老水车

上大学前夜父亲让我去车水
月光洒满水面。偶尔鱼跳
空中划过一道银弧

噗噗噗噗。木叶一头栽进水里
又鸭子般排着队晃着头上来
带着水流的哗哗声

父亲想让我以肌肉记住酸痛
眼睛拍下流水，耳朵听取田野的蛙鸣
星空下一架老水车咿呀咿呀

这个万物枯黄冬天我走在塘基上
耳边又咿呀咿呀仿佛
那个远去的少年回到了身边

草垛

母猫蹲在瓦檐叫春
几只鸡在附近安静啄食
她和我躲在草垛里咯咯笑

秋天田野上稻茬渐渐变黑
脊背下稻秆发亮，温暖
发出窸窸窣窣的声响

一个脸蛋红苹果般的女孩
我趴在她的身上，做着
“父亲母亲”的游戏

外面大人在喊了我们屏住呼吸
都做了父亲母亲我们杳无信息
相逢一笑，对着塌陷的草垛

杀猪匠

他蹲在门口磨刀
沙沙如雪粒打着树林
直起身，用拇指试了试刀锋

猪在他的腋下喊叫之时
他的腮帮微微鼓起
腾出手来摸地上的屠刀

嗤的一声。鲜血带着热气涌出
粘在刀上生成一幅鲜艳的画
刀尖上红色露滴战栗

现在磨刀石放在窗台上，起了苔
他躺在屋角落的竹椅上，半闭着眼
仿佛一个失去对手的拳击手

有一天他突然不安：低头烧纸，念念有词

瘢痕

母亲从地里回来
站在猪栏边大发雷霆
她发现了你喂猪时
没让潲冷却烫伤了猪的嘴

你躲在门角落瑟瑟发抖
还是被强揪过去
她抓住你的手
硬生生塞进灶上的猪潲

你杀猪般吼叫
手上永远留下一道疤痕
现在你坐在镜前拍爽肤水
一阵轻响之后双手抹着护手霜

厨房水壶嘶鸣。母亲在客厅喊你
你没有忘记那一刻的疼痛
但从未再和她提起。偶然被人问及只笑答
那是一个时代的印记

老院子

水泥路休止于离老院子十米的地方
仿佛弹奏的琴弦断掉
谁扯断了那根弦
空旷中传来寂静的争吵声

荒废的院落。小路长满茅草
屋顶垮塌，雨水格外喧哗
一根断掉的琴弦，唯有风在演奏

正午时分小舅在东边新房敬奉
二舅在西边老屋叩首
我看见死去的老外婆在茅草丛穿梭
一枝荆棘挂住她的衣裳
加剧她的慌乱

家乡

小黑第一时间跑过雪地
高高扬起双脚
母亲的微笑出现在门边
父亲的咳嗽声远远传到耳里

这块熟悉的土地
有高大的泡桐树、海碗形的鸟巢
有喜鹊的嬉闹，在壮丽的日出时分
有神龛、香火，当节日奉送古老的恩典之时
有数代的祖坟、墓碑
落松裂开，露出溢脂沁香的松子
小鱼和泥鳅翻滚，在田坝口的兔唇下
有我的悠然，在白云游弋的塘水上

要不了多久，可能不再有人
能够说出我的生庚时辰
也不再有人记得我的乳名
老屋土砖夹缝的壁虎不知所向
天上乌鸦再没有回来
一只蚂蚱在大路上瞄着我
迅速跳入草丛中

土地

一块土地泡在雨中
无人去侍弄
满天星和三色堇，止不了溃疡
一个老人低头锄倒大片野蒿
翻出几粒无人知晓的土豆

撂荒了的农业。曾经属于“公家”
在一个漆黑的夜晚
我跟着母亲去那里摘辣椒
辣椒树上辣椒稀疏
远远的狗吠，多年还在心里回荡

杂草掩没的土沟
不再是鹌鹑的路径
傍晚群山也再没有蟒蛇
悠长的叫声盘旋
当挖掘机的履带远远响起
土地的界线，像沉睡的蛇忽然
举起头颅：芯子闪烁

消逝的老墙

一头水牛在砖泥地转圈
面上稻草，慢慢进入砖泥
热烈的月明夜，两个人
提着砖匣子快步前行
停顿。双脚——不是一个人的双脚
而是两个人一人一只脚——
一踩，嗤的一声，土砖诞生

砖坯码成高墙
一行行形成里弄
孩子们在中间穿行、奔跑
可不同于我今天走在黄泥街
电线布满天空
外墙油腻，人群陌生

老墙聚拢人群
土砖渐渐磨掉棱角
光滑的表面露出草茎
冬日的阳光照耀
温暖又背风

一个白衣男子在讲掌故，面带微笑

（那是我爷爷）

一个年轻的少妇纳着鞋底

手不时停顿一会儿

（那是我婶娘）

蜜蜂在土砖上的小洞口嗡鸣

槐荫

槐树的花儿，像银铃
雨后落一地
粘在赤裸的脚踝上

现在我听得出一串银铃的响声
那逝去的槐花没有陷入死寂
偶尔会突然出现动静
树杈牵着晾衣绳
少妇在下面踮起脚尖
将被单甩上去
伸出好看的腰身

晾衣绳断了，悬垂着
慢慢变黑，枯脆
一片巨大的槐荫倒在斧头下

锅

一口锅废弃在后院的杂草丛
静静生锈

大铁锅热气腾腾
曾经滋生出怎样热烈的场景
围着大竹盘拌酒药的妇女
不时发出一阵笑声
出酒的竹筒连着瓦壶
细流绵绵无声

它曾在曾祖母的灶边
聚拢一张张兴奋的嘴唇
它曾在公社大食堂
露出稀粥的嶙峋

炉火熄灭。蒸汽随风而去
倒磕的锅在荒草中
静静生锈

冰凌

雪后的早晨
瓦檐挂满冰凌
齐刷刷一排
像士兵列队

我用长竹棍击打
掉了几条，在新雪上
砸出个个窟窿

没有冰激凌的时代
我含着它像含着
一支棒棒糖

四野响起垮塌声
阳光中冰凌耀眼
冷冽，清廉，空气之结晶
最终坠落残雪中

没有照片的童年

后院的土坑
肢体扭结的伙伴
咬紧的牙齿洁白
松开，绽放几朵栀子花

在远亲家，夜晚我寻母亲
看见房里一个女人坐在淤桶上
其他几个在说笑。屁股雪白
我像触电般退回去

后山松林小径中
扁担在肩膀上压出红印
落下担子，喘气
四处小鸟鸣叫

陡坡上父亲拉着板车
碾出吱吱的声音
我在后面推，手不够力，以肩膀顶
沥青路上一线湿印

狼山坪放露天电影
父亲不让我去看
我一个人蹲在沤肥堆上
月光洒满小院

没有照片的童年
会是怎样的时光
日落时分一声鸦鸣
雪地上一地碎银

祭奠

木槌敲击
钱铿粘连草纸
如骨肉难离
十年前的悲痛
纸钱上的半月印记
一根针扎出细细的圆心
星星点点在火焰的邮政所
不着一字，尽化作光的投递

黑夜的大地上一朵巨大的向日葵

初雪

列车过道上走来查票员
她问，“你们几个人？”
“三个。”我们中谁回答
像窗外原野上飘雪那样自然

“不对，这还有一个！”孩子的头
从上铺倏地冒出，声音脆若冰凌

长笛

嘴唇蠕动。每一个打开的孔
发出不同的音符
六只手指紧紧按住
它同样参与不同的旋律

没有听众好比那笛音
并不存在或像一阵咕哝
“唯有长笛熔成的金属
才能连接起时光之链”

曼德尔施塔姆在沃罗涅日
冒着大雪去印刷厂
为长笛寻找倾听的耳朵
竹膜半透明微微震颤

时代的远山失去回声
所幸没有长笛的牢笼
夜晚我凭栏吹笛
无数窗户亮灯像在倾听

总有人分享一个音符

就像我今天倾听他的咕哝

努力听着，试图听出集中营

最后一阵急促的脚步

文字

文字带着情感
正如睫毛挂着眼泪
当你弓身在夜晚写长长的信
凉风吹动窗帘
恋人站在远方的星空下

而当它们向你讨债或分红
正如深渊或鲜花
审讯室长久的咆哮之后
一片燃烧的寂静
它们是密封在绿纱里
嗡嗡的苍蝇

你去到茫茫大海
一杆笔一张纸
支撑你活下去。文字
让你感觉还在和宇宙发生联系
而火葬场那个小小盒子
当你认领时在表格写下死者的名字
笔尖微微颤抖，全部的形象
争相向空白言说

火灾回放

大火再次腾空
不再让我惊慌、焦急、恐惧
寂静的燃烧。慢镜头里
玻璃破碎。瓷砖飞溅
钢筋慢慢弯曲
有点像刑讯室受难的壮士
多年的音箱、挂画上的瀑布
抽屉里的手稿和日记
消逝也极其缓慢
天狗慢慢吞吃月亮

以前城市某处冲出火光
比晚霞还让我激动
我会联想旗帜、芍药、红绸缎
现在看来它只适合猛虎、蛇蝎、荡妇
消防水枪插进它的阴户
它越发兴奋，但迅即归于
一片废墟的平静

一面时凸时凹的镜子

影像憧憧高大更见高大

猥琐更加猥琐——隐藏于灰烬

一切照得透亮除了真相

说它是一场偷情谁也不知缘起

当它是无常只是徒增悲伤

你看着最后一缕烟逃逸

它吞噬也吐露：是什么支撑着

整座大楼的危局

诗人

你看，在那间旧房子，老银匠
借着 15 瓦的灯光，敲打
小锤子发出有节奏的咚咚声
比起买主，他更关注银饰本身
它在一片窸窣声中闪光

离开书堆。去到深渊的边缘
你将一瞬间走完数个朝代的里程
给辉煌背面那黑暗
带去光亮：一盏马灯也罢
写吧，用心和信念
墓碑标定阴阳两界，心是无碍的
道路，比鸟的路径更神秘

曙色慢慢透过屋顶、树枝
蛋壳有了动静。它带来新语言
尽管看上去像一只雏鸟
叫得并没有什么不同
寂静舞台的演出
黑暗墙角情人的呢喃
柏油路裂缝钻出的春草

伤口

井上的辘轳加了一把锁
小水池起了一层龟皮
冬天脚后跟皲裂
隐约暗红

盖子盖着，伤痛依然
像井水一样新鲜
它曾发酵，鼓泡，变绿
在那墙角的棍棒当啷一声之后

而当匿名者点燃长长的引线
一声寂静的轰隆
它下沉，恐惧中顿失重量

我，仿佛在炎炎烈日下
痛饮这井，渐渐清凉

蜻蜓

一只蜻蜓在空中飞翔
突然收拢翅膀
停在树枝上

洪水中的树枝
被波涛裹挟，微微摇晃
像挣扎的溺水者

喧嚣中身不由己的人们
站在堤岸上远远望着洪水恍惚
不是迪厅或酒吧中的摇晃

当你卷入洪水的漩涡
四顾无人，树枝上飞来蜻蜓
就像在隔绝已久的日子亲人捎来口信

夜晚斗室上空悬着一轮皓月

雨滴

一滴雨的声音轻微
树叶微微点头
她不断对你说“不”
其实有着雨滴的清凉

你坐在空调房却如处坩埚
遥控矛盾，升温斗争
再也感觉不到格栅吹出的清风
烧红的锅上水滴迅速消失

大雨倾盆。众多嘴巴争相说“不”
那时房间空调的嗡嗡声停止
雨水道道划过落地玻璃

站在窗前，人去楼空，看茫茫世界
只有她悄然来到你背后
胸脯柔软，温暖，让你微微一惊

鸽子信

一个人悄悄把我投递出去
收信人并不相熟
他登记，签收，不拆封
让我一直处于黑暗中

我和他隔着道道铁门
他将我发回原址
也没有“查无此人”之类的理由

当初由他们封口
现在我自个儿拆封
剥离伤痂面对一种发热炎症
无从仇恨致病的细菌

很长一个时期我不愿出门
懒得抬头看人，像一封锁在抽屉里
渐渐发黄的信

鸽子落在阳台晾衣架上

羽毛镀着晨光，几声咕咕
令我欣喜。这世界还有
“他一看就知道”的空白鸽子信

谈话

我们的谈话气氛热烈像候车室

话语是那行李，过安检

在那履带的尽头往一个不锈钢斜坡一歪

然后各自拎着各自的走开

泡桐花

草地上泡桐花横七竖八
这没有外盒的淡紫色小号
我曾经鼓起腮帮吹奏

模仿童年，姿势逼真
发不出浑成的声音
像一个三流诗人模仿大师

淡紫透出象牙白，颜料
无法调制。如此美，也不比
一个女人穿新裙多一份欣喜

嫩嫩的脆，淡淡的甜
唤醒贫困年代舌头的记忆
最初花蕊拂面如同情人贴脸

除了孩子的青睐，什么时候
我还会撮着嘴，轻轻吹它——
吹出了曲调也不免消极

不免见笑于这个时代

至多获得树上斑鸠一声赞赏

远处猫头鹰咕咕叫了一阵

山中一夜

群山环抱农家小旅馆
雨声覆盖一夜酣眠

方丈睡在隔壁
菩萨在山顶

仿佛不只雨水带来夏凉
虫子今夜也噤声

我们紧挨着，没有欲望
身体却比昨夜温暖

青铜

儿子出生那天
我在另一个城市
BP 机的唧唧让我立即奔向
最近的电话亭

那时已是你
一场生死大战结束之后
产房里几个来自外科的男医生
把孩子从你肚腹硬压出来

撕裂的阴道，当针穿过
所有痛觉神经已苏醒
我也没有听到你
颤抖的叫喊

疼痛铸就青铜，苦难底色
隐约闪烁着彩虹

秋日

将黄未黄一如
你将白未白的头发
银杏葱茏，叶子还未黄
一场冷雨过后
转眼黄叶满地

步道上一个中年人
将手高高甩过头顶
你看见枫叶红未必细察
它的斑点和虫洞
小径中，几片黄叶落下

芙蓉盛开恍惚春景中
香樟茂盛也遮不住
莲塘的枯败
莲梗如断箭
莲叶剩下一半绿
一半垂落水中

跻身木栈道的热闹中

你依然感觉霜冷

临水酒吧幻灯摇晃

只当这向晚色彩一种

斜坡上紫薇和枫树

开始叶子发红

水杉慢慢透出橙黄

栾树孤高，挂着串串灯笼

拉链

密密的牙齿
轻轻拉开伴随着
一阵嗤嗤声，如耳语

我总以为他凑近来
表示一种亲密
轻轻推门。轻言细语。坐在沙发上
说起家常，声音颤抖，泪光闪烁

一如打开拉链让我翻看
他的苦难行李的全部辛酸
他在餐桌上的过于殷勤热情
就像拉链涂了肥皂

声音滑溜，不再像拉链的声音
我却感觉舒坦：让我在人前长了脸

哗的一声。有锯子开木的锐利
不是打开，而是锁闭
我也看透了他，如发现烟叶上的虫子
晚了，一夜之间一片空洞

铺路

我坐在副驾驶上
有些迷糊
三菱车僵硬的刹车
令我微微一震

到了，却发现他
趴在方向盘上睡去
从饭店开车到夜总会停车场
不知天上星星闪烁
路过的街景似曾相识

麦和身体一起摇晃
美女们递上奖赏
一只倒立的青岛纯生
内部嗞嗞鼓泡

醉和醒之间，我们铺路
没有铁铲摩擦石子的刺耳声
无须扁担和锄头
比挖机和铲车更有效率
铺路，不断错过月圆和日出

按摩

雨点清凉的手指
激励了小溪
林间潺潺如同温软的情话

相似的美好情境
在金城江一条小巷
暗淡的包厢里血管奔流
淹死了草尖上的蝴蝶
背脊上的翻耕犁坯僵硬
从来没有播种，没有萌芽

当我的脸从床头的椭圆孔出来
更多的头，还埋在里面

齿轮

荒草中两个齿轮
像泥土中开出的花朵
土红，又如衰颜

当我的两根手指
随手套一根散出的纱绞入
它们黑黝黝闪着油光
一阵尖叫并不能叫停

带动浩瀚的流水线
一个庞大的齿轮族群
就像一条大河咆哮
漩涡里叶子的喊叫类同寂静

现在它们在大地的荒草中
生锈。银杏和水杉叶子
落满它的四周

读西蒙娜·薇依

你总是穿着宽松的衣服
将好身材掩藏
抖音满屏的美女紧身衣
牛仔裤仍嫌不够彰显凹凸
配上摇滚乐和电臀

你的眼神明亮，深邃而坚定
她们躲闪而飘忽
你胸脯的波动
蕴含在深远的视野
从战场负伤下来你仍坚持
按部队的配给制用餐

保持双重的饥饿
“为上帝腾出地方来
薇依正将手上的东西放下”

铁线蕨

我放出去的一些账
收不回来了，就像一根
扯断或被咬断的钓丝
消失在水面

许多日子我被它纠缠着
像一个弄乱的麻桶
并渐渐失去一位母亲
绩麻的耐心

水面波澜渐消
回到早上的阳台
我发现铁线蕨换盆之后
剪去枯枝的末端
长出细细绿线
正迎着一缕照临的阳光

勋章

撂起裤脚，与妻子
一齐把脚伸进木桶里
当面骨上那个伤疤暴露
在她的视线里

它不再象征痛苦
黑夜墙脚下一阵棍棒
或无人照管的溃疡
倒是像两口深邃的井
如今早已澄澈

两枚岁月颁发的勋章
在热气腾腾里就像
在礼炮的烟雾里

湖山

伤害留下伤疤的僵硬
孤寂续成一截断弦
月湖水里，建筑变得柔软
水草取代我眼前
时常挥之不去的嘴脸
当我和她走进太阳山的深林
空无一人，正合朕意
在山顶两个弦锥之间弦紧绷
闪亮，任风弹奏，群鸟啼鸣
仿佛光和影那样生动

地形学研究

“我要死了——”
这个声音像峰顶上
泼溅而下的水花
肉体的熔岩四处流动

多年后我停车宜州静观
那一片喀斯特地形
座座山峰孤立，没有起伏连绵
中间的平畴野花盛开就像一片开放的内景

雪峰山隧道

长途汽车刹车失灵
在陡坡上冲向路边水沟
车身一路挂着山体
树枝和砂石，哗哗作响

你抓紧我仿佛抓着
唯一的依归，等待命运裁决
轰的一声，整车震动
一只轮子空转，冒着浓烟

下面峡谷飘着雾岚。三月的中午
那是九十年代，多少女子
以身体的隧道迅速抵达
一片黄油面包的风光
你和我颠簸在这盘山公路。多少年

而当我们驱车穿过雪峰山隧道
远山如画，低地油菜花正在盛开

身份

从一辆宝马上出来
我期待着他上前招呼
而他径直走下台阶打量
车的前脸，仿佛重新认识我

他还没有见识本尊的辉煌
旋转的灯光，满地花影
她和我合唱辛晓琪的《味道》
味道绵长，掌声如雷

来自满座商界名流
和政坛骁将。但她的美貌
照亮我不过是钨丝战栗
熔断前的耀眼

今天我看见月湖无人的台阶
石缝钻出一株黄鹌菜
鹅掌形绿叶，黄色小花
从百度到《中国大百科全书辞典》

我查到并记住这个名字：它有无言的光芒

泉水

我坐在病房的靠椅上
女儿蹲在脚边
她揉着我瘫软的右手
一双清亮的眸子
朝我仰起

彼时窗外飘雪
树叶、屋顶和马路
慢慢变白
窗玻璃淌着热泪
我想起老家院子下面的古井
腊月寒冬冒着热气

那来自地心的泉水
从一个苔绿的小口汩汩流淌，奔向荒野

在雨中

站在窗口
我看着马路对面的工地
挖掘机的斗悬在空中

挖斗抖落的泥土
被数十把铲子填回坑中
雨声淹没铲子的怒吼

大雨过去我不再焦灼
那一片凯里床单厂的土地
如愿变成城东果品副食批发城

雨水砰砰打着伞顶
我们挨得更紧。今天太平街水光闪烁
我愿天下人不由自主哼起那首老歌

切割

切割机的砂轮片
缓缓深入下面的铝型材
吱吱声刺耳
切线喷射呼呼的火花

我正走过成形中的翡翠花园
毛坯建筑上窗洞
仿佛正在召唤闪光的时刻

春天来了，香樟开始换届
我发现风在切割
董事会在秋天选举，人在切割
人民医院的太平间夜晚响起炮仗声
死神的一次切割宣告完成

龙江河流碧，是否矿物质也暗中
与流水切割，呈现如此绚丽的色彩

山中

1

我看见两颗落松
落在低地的苔藓上
像一对情人并排躺着

它们身上长满口子
显然历经沧桑
墓草深处埋着祖父母

满身口子。仿佛笑口常开
寂静相依的时光
比在松枝上更轻盈

我见过它们在炉火中
偶尔发出嗤的一声
喷着长长的火苗

一生辉煌的时刻
并不比此刻的安宁
动心骇目更堪称奇迹

2

松针落地是世界上
最轻柔的声音
轻柔得不忍刺破
山中的寂静

寂静中响起一片竹耙声
一夜北风后
满山松针如黄金
背篓压弯稚嫩的腰身
灌木和树叶掩映着
低垂的笑脸

那中间有我。除我还有谁
会来到这山中
瞧着满地松针依然动心
松针满地。像丢弃的零钱

3

灌木深处树根上
粉红的雁鹅菇
蛇的花圆盘

野鸡毛挂落在荆棘上

灰白纹理相间

小路上豪猪的黑白利箭

白色一截大约长在肉里

松树上的草树

一度是伊甸园

山脚公家的辣椒地

再没有磷火闪烁的诡秘

夜晚我曾和母亲躬身

在这一片地里

远远的狗吠惊心

4

山顶发射塔

像一把利剑

扎进青山的身体

发出嗡嗡声

仿佛血液汩汩流淌

在人类山脉绵延的峡谷里

5

这里一片寂静
寒风中野菊摇曳
低洼里残雪边际发亮

一束阳光令枯萎的芦絮
变得神奇，生机勃勃
斑鸠突然拍翅

草虫唧唧，溪水潺潺
月夜演奏月光奏鸣曲
祖辈上山那会儿生死合奏
一支恢宏的交响乐

山径如琴弦，脚步拨响它
从未如此清亮。溪涧传出鸟鸣

第四辑

长诗或组诗

2016—2020

梅尼埃[1]小姐

1

忽然就天旋地转

呕吐，出汗。病历上写着

梅尼埃综合征。呃，梅尼埃

仿佛一个美人的名字

以前，年轻的时候

我摁下按钮，离心机旋转

呼呼甩掉碱液，白色晶体出现在

渐渐停止的不锈钢桶中

2

微微开裂一如沟坎上的白雪

我内心欢喜。现在离心机

停不下来。切线的眩晕

1　梅尼埃，是一种特发性内耳疾病，曾称美尼尔病，在 1861 年由法国 Prosper Ménière 首次提出。该病临床表现为反复发作的旋转性眩晕、波动性听力下降、耳鸣和耳闷胀感，伴随强烈的恶心、呕吐等症状。

结晶物向底部贴紧

头埋在担架里，睁不开眼
在失重的恐惧中看不见
谁掌握着按钮

3

父母年事已高
我们说好了，对他们报喜不报忧
他们远在乡下就像人生背景里的山脉

过往人群或敌或友不过是
曾经穿过一片树林
走在城市的街道如大河里一滴水
早晚散步看春来繁花
如盛世胜景

这一刻我是只离心机
这一刻没有你我无异于

置身茫茫荒野上

寒冷，四处是雪崩

4

梅尼埃小姐啊是只离心机

可不是什么华尔兹舞伴

她制造静止的风暴

风暴中的树枝甩着自身

甩出去，收回来，不是旗

你固守离心机的眩晕

几乎有些绝望抓紧妻子的手

5

梅尼埃小姐啊有肥美的臀部

所有美臀的集合

你一路摸来，到这她给你的飘然

不是夜总会的飘然

她给你的忘我

不是白云的忘我

一片云，不在潭的眸子里

在临流的漩涡里

你摸过去就像在 305 厂

手套逸出的纱将你的手指

带进封切机的齿轮

你摸过去消失于她的切线

切线的眩晕里一滴飞出的水

6

梅尼埃小姐来了你在前排位置

坐不稳了

梅尼埃小姐来了你再不能在人前

挥舞你的手指——那手势

崩溃于她的弧

梅尼埃小姐来了那奖杯的光芒骤然黯淡

你看见闪光，不是星光

小时候被父亲丢在后院草坡上

满天繁星止住你的哭泣

梅尼埃小姐来了你再抓不稳

夜空的半缕星光

一个漩涡状深渊的斜坡闪光

斜坡上雪微微开裂

7

梅尼埃小姐来了你也不再骄傲

你已经抬不起头

梅尼埃小姐来了你的胃不再贪婪

文和友[1]门前的长队仿佛隔世时光

梅尼埃小姐来了她是你

花团簇拥的日子的终结者

落叶纷纷，银杏金黄，铺满在脚前

你抓住路边空椅子的靠背

8

如同直升机的螺旋桨轰鸣：眩晕

慢慢远去。依然不能睁眼但

1　文和友，长沙时下火爆的龙虾餐饮店，采取人民公社大食堂形式，引人追捧。

有了内视之眼

一只空酒瓶立在凉亭的石凳上
浓雾中麓山隐没
洪山寺露出琉璃瓦顶
四野无人。浑身不再发痒
湖面波澜不惊

细雨清空小径
人各有所属
野鸭悠游湖面
鸟儿在枝头串访、欢鸣

有烟火处便有烟的曲直、火的明灭
生如枯柳趣味需要仰仗新春
湖面如镜也没有绝对公平

9

劫后身子轻了，空了
像一杯澄明的水
看上去无物存在又实实在在存在
接近明悟

你扶我下床
没有涟漪。涟漪自在
我走向孩子，踩空一脚
波澜不惊。波澜自在

10

梅尼埃小姐走了
我也从 163 医院的浓荫离开
停在老香樟树下的小车
落满白色的鸟粪

鸟，那么大，比月湖的肥
它们飞向天空
树枝一阵晃动

前庭仿佛起了一场火
一片废墟但此刻长出了春草

一如湖边剪掉了枯秆的芦苇
一如细雨中草色盎然的原野

2017.8

美国诗稿

坦佩[1]

鹧鸪在草地上空飞行
或在树枝上跳跃
安静如门窗后伏案的学子
如这个城市的当下

仙人掌装饰清水墙
博物馆默默讲述它的前身
一个巨大的游戏场
开业之日四邻的市长
微笑着为它剪彩

寂静的欢呼和烟花
彩纸落满头顶
犹如一个人的青春放纵
莫非每一个城市、每一个国家

1　坦佩（Tempe）是美国亚利桑那州马里科帕县的一个城市。该市因希腊的 Tempe（Vale of Tempe）谷而得名，是菲尼克斯都会区的一部分。二十世纪六十年代是一个巨大的游戏场，如今是大学城，有着城市规划和管理教科书般的秩序。

必经一段过山车的喧嚣？

傍晚来了沙尘暴
树枝喧哗。仙人掌
只微微动一动身子
闪电中尖刺更见尖利
烈日火焰里它尽显蓬勃

弗吉尼亚

老人一整天待在后院
像个警察分析案发现场
指着钓鱼台和草地几处鸡毛
“从这里一路搏斗
肯定是前些日子来的水獭干的”

群山起伏。蓝岭的弗吉尼亚
黄昏河水喧响如常
只是多了一声鸭子的嘶鸣
别的鸭子都上了岸
它拖着一条伤腿
在水中央张望

从湖南来到弗吉尼亚
这位老人生活中的对手
只剩下一只藏起来的水獭
此刻全部的精神像夕光
凝聚在那只回不了家的鸭子身上

波光粼粼。树影荡漾。一张背影如静止的飘荡

玻璃墙

分隔于玻璃墙两边
要么比画手势
要么有一个电话
面对面通话

场景设为监狱
才显得不那么荒谬
这是在华盛顿市中心
一道语言的玻璃墙横亘中间

栗色皮肤的大眼睛姑娘
她现在叫“华裔”

她的父亲比当年
更称得上我的“故知”

她和我相隔一张餐桌
远如华盛顿到北京

树林

树林无限延伸
生长着非凡的景观
停车场静泊的汽车
后视镜映照着梅花鹿
它们静静吃草
发出轻微的窸窣声

小松鼠出现在台阶上
一片瓜叶遮掩着大金龟
黑蛇穿过白色木篱
和人类共享院子里
草地上的月光
棕熊和野猪
也许就在不远处

如此繁茂，广大
如神灵的居所
到此你才能读明白老弗罗斯特[1]
你走进去，灌木从身后锁门
没法再回到“未选择的路”

夜宿匹兹堡

傍晚驶入匹兹堡
我想起那个浪游诗人[2]
大街无人。无处打听
街车驶近昔日的站台
涌动着各色人种

时令已到立秋
我心里有滚烫的凉意
匹兹堡还不可能下雪
要是有雪，雪地上将浮现
他的足迹，一如我重读他

1 弗罗斯特，指伯特·弗罗斯特，美国诗人，著有名篇《未选择的路》。
2 浪游诗人，这里指美国当代诗人杰克·吉尔伯特，生于匹兹堡，著有诗集《拒绝天堂》等。

充满热力又不无酸涩的诗句

里士满（Richmond）

在里士满机场
我看见一个黑人姑娘
笑容里黑映衬着白
她和前来登机的旅客交谈着
无论华人，还是白人

仿佛再没有白人监工
工作不再是苦差
她哼起《把我带回弗吉尼亚故乡》[1]
月光下树林一片簌簌声

臀部傲人的黑姑娘
此刻我是如此羡慕
和你操着共同语言的人
那“耶”的尾音

1 《把我带回弗吉尼亚故乡》是一首黑人民谣，表现了农奴时代黑人工作的繁重，也显示了对白人盲目驯服的奴化思想。歌曲忧伤动人，流行至今。

就像石穴含着一缕激越的泉水

纽约地铁

一个年老色衰的妓女
站台上，湿漉漉的花瓣尽谢

尼亚加拉大瀑布

“没有谁比尼亚加拉河上的海鸥
更幸福”。它们游水，飞翔
比圣地亚哥的海鸥更安静

人类发出尖叫
以为到了露天洗浴中心
遇到一个绝色美女
宝石绿。钻石蓝。凝脂白

从她温柔的抚摸和密集的呼吸出来
身子轻了。水面升起缕缕轻烟

母语

从北卡罗来纳州机场
我转机去休斯敦
一个布满皱纹的“空奶”
对着我叽里呱啦

我和她仿佛隔着
一道看不见的玻璃墙
惶恐之时，她竟粗暴地
把我的行李箱拖到机舱外

我想起祖国的空姐
微笑美丽而微甜
这才骤然感到母语
有着母亲般的关怀

到达休斯敦已近傍晚
得克萨斯州的上空
挂着一轮圆月：脆薄，昏黄
像一剂已经退热的膏药

2016.9

与杨键的诗学对话

杨键：你对童年怎么看？

草树：童年是人生的启蒙时期。对于一个诗人来说，幼年接受的田野教育，主要是地理灵性和世界的神秘性。一方水土养育一方人，地理灵性在某种程度上决定了一个诗人的风格和取向。童年的好奇心和世界的神秘性，则建立了人和世界的基本引力场。

我出生在湘中地区的农村，人多地少，常年干旱，童年时期家庭非常贫穷，但是我似乎从来没有感到那种生活有什么苦难，即便很小的时候，大约六七岁吧，就跟着父亲去做小挑夫，当我挑着两小箩筐煤炭，走在山阴道上，累了就放下，休息一会儿，山风吹来，格外凉爽，密集的鸟鸣就像泉水流淌周身。我还给父亲推过板车，上坡时用手推不动，就用肩膀推，汗水洒一路，回程的下坡，父亲两手夹在车辕上，双脚如飞。我坐在车厢里迎着晚风，夕阳西下，电杆和房屋在眼前掠过，心里充满快意。当然玩的时候，大自然就给予更多的馈赠，比如春天下雨的屋檐下，小鱼儿闪烁的丝网盈盈出水那一刻，或者秋天干裂的田野上，泥缝里露出泥鳅青幽的脊背。滩涂上甲鱼的脚印，石楠上鸟巢的暖蛋，岩石下眼镜蛇的交媾，天空盘旋的岩鹰忽的俯冲……太多了，不能尽数，大自然的赏赐，给童年带来无边无际的快乐，就是到了成年以后，这些与自然相处的经历，仍慰藉着人生。

就写诗而言，那是我最初接受的最朴素的美学教育。

杨键： 你对故乡怎么看？

草树： 很久以来，我对故乡的爱和信念不改。直至近年来，我才感觉“故乡”这个词所蕴含的一切，完全被修改或替换。

二十世纪八十年代初，改革的春潮涌动，家乡人纷纷弃农从商，走向国家甚至世界各地。我大学毕业工作八年后，下海在家乡开办了一个塑料厂，与隔壁厂的变压器之争，与亲戚合股的决裂，摇身变为商人的家乡人的虚伪和狡诈，这一切在我的心灵留下了不少疙瘩。随着时间的流逝和境遇的改善，我似乎都释怀了。到了新世纪尤其最近几年，家乡人都富起来，买车建房，乡村面貌大变样了，但是那些曾经有过交集或没有交集的乡人，陌生如路人。而一旦有了交集，就感觉到卡夫卡说的“最熟悉的陌生人”，令心头一凉。比如我在老家买地改造旧房，想着扩大庭院的面积，结果本是乡邻却变得比商人还商人，漫天要价，并声称“你要了就是金子，不要就是废铁”，说这话的正是当年和我在田埂上一起滚铁环的人。最熟悉的陌生人。为财失义，人伦失范，比比皆是。

在故乡，爷爷一辈上了神龛。父亲这一辈的人，也所剩不多。去年夏天我在老家门口遇见四爷——父亲的堂哥，我喊他，他冲我笑，我说你还认识我吗？他点头。我说你知道我是谁吗？他点头。老年痴呆让他丧失记忆。我目送他慢慢消失在小路下坡的树影里，忽然想起那年去参加高考，清早出门，迎面遇到四爷。他扛着一把锄头，笑眯眯的。母亲说，这是一个吉兆。塘岸的石楠传来喜鹊的喳喳声。现在树上的喜鹊，消失得无影无踪。

故乡于我，徒存感伤。

杨键：你对自己的诗怎么看？

草树：我从二十世纪八十年代在大学校园里开始写作。在大学，我的专业是化工，那个“学好数理化，走遍天下都不怕”的口号，把我卷进化学工业。写作的真正兴趣，是旋梯诗社培养起来的，那时著名七月派诗人彭燕郊是诗社的指导老师——不是他的诗歌教育，而是他的鼎鼎大名影响了我。九十年代初下海以后，生活不容我再委身于诗，只是偶尔的阅读仍保持着对诗的关注。2000 年，几个“旋梯”老友聚会，其中一个倡议大家弄一个丛书号出一本诗集，彭燕郊欣然为丛书作序《走向远方》，诗集出版后湘潭大学为八位作者举行了隆重的首发式，第一本诗集《生活素描》至多算是诗歌学步和青春纪念，但写诗的热情再一次被点燃。新世纪博客兴起，我断断续续重拾写作，基本停留在田园牧歌式的诗歌美学范式，2009 年由广西人民出版社出版的《勺子塘》是这一时期的小结。经过大量的“自我补课”，到 2007 年以后，我开始从根本上反思自己的写作。

2013 年在湘西第一次见到韩东，他看了《中国诗歌地理》编选我的几首作品，他说你算是个专业诗人了。这很重要。一个诗人的写作被同时代一流的诗人认可相比在刊物发表，更重要。专业和非专业的写作，是一个分水岭。这个时代充斥着太多非专业写作。

我对自己的诗的看法是，2009 年转型后的作品，才真正够得上现代诗的门槛。2013 年和 2014 年出版了诗集《马王堆的重构》和《长寿碑》，这两部诗集是写作量堆积时期的结集，我自认为写出了一部分成熟的作品。近年来我不断反思，调校自己的写作，同时从事诗歌批评也给予了自己极好的学习机会。我对这一阶段的诗有信心，但不敢评判。评判的权力还是交给读者和时间吧。

杨键：你对传统怎么看？

草树：传统是我们的血缘。有说传统是一种资源，我不愿意那么看。“资源”这个词，已经被这个时代严重滥用了。如果一个民族的精神血缘与传统彻底割裂，那么其身份一定会变得非常尴尬。汉文明是一种古老的文明，汉语是我们赖以存在的基本依据。我能想象一种背离传统的翻译体写作，会在语言的旷野怎样制造垃圾，从而改变人的路径。人与人、人与语言、语言和世界的关系，最终取决于文化属性。

中国悠久的传统不可避免会积累一些糟粕，但是传统的精华，古典的世界观，如此熟悉，它是父亲的喉咙里传来的祖父的一声咳嗽，亲切而有着西方文化不能取代的基因，道法自然，天人合一，情景交融，执白守黑，是传统留给我们的精神遗产。传统没有死去。词语只是在沉睡。写作的一个秘密的快乐就是在某个时刻会唤起词语悠远的回声。

一个诗人不可能站在传统之外写作。古典主义永远不会过时。

杨键：你有宗教信仰吗？

草树：我没有宗教信仰。这不妨碍我对宗教文化的热爱。无论西方的基督教文化，还是东方的佛教文化，都是一种不可缺少的精神养料。《圣经》是西方文学的源头之一，不了解《圣经》，就不能真正进入西方文学的核心。佛教文化对中国文学的影响可能没有那么大，但从南北朝时期、唐代的一些诗人的写作来看，也有着巨大的影响，其中蕴含着巨大的人生智慧。我以为写作就是一个建立信仰的过程。宗教为人生建立了一个清澈的参照坐标，对于没有信仰的人来说，诗可以在某种程度上承担信仰的使命。

我的写作目标是呈现“人”之所是。

杨键：你的诗与时代的关系？

草树：任何一个诗人都不能置身于时代之外。作为个体，诗人也是时代的大舞台上一个小角色，按照时代给定的“剧本”“表演”，但是诗人不同于其他人之处在于，在行为的身不由己之外，在内心，会建立一个“否定性的范畴”，一块与时代保持一定距离的精神领地。这片领地是属于个人的，诗人正是从这个地点审视时代——事实上，审视时代，往往是从审视自身开始。

我的诗首先建立在自我审视的基础上，忠实于来自感官的声音，但是由于走进时代的纵深地带如此之“深”，因而写作必然对“我”作为一个时代大舞台上的小角色乃至整个时代形成观照。如果说《精馏塔》和《长寿碑》有着整体性把握时代的雄心，那么从《太监考》开始，我渐渐放弃了这样的努力。因为我逐渐认识到任何诗人都很难摆脱整体性观照的个人偏差，相反只有个人性的经验、来自直觉的东西才是可靠的。《摩阿记》是转型之后的代表作，我以为它更能从个人经验呈现时代的真相。

诗和时代相互给予。诗给予时代的，是对时代真实的去蔽，还原，也许时代并不“领情”，尤其在当代。时代给予诗，是一个诗之场，语言之场。我的诗与时代的关系大抵如此。

杨键：你每天写作吗？

草树：自从 2009 年彻底离开商界，不说每天写作，写作基本上成为我的生活方式。阅读，写作，使我从现实的嘈杂中游离出来，隔不久就会有那么一刻，耳朵竖起，神思专注，长出不可能但又确实存在的一对翅膀。

杨键：你最爱读哪些书？

草树：我年轻时候爱读西方的名著，从屠格涅夫的《猎人笔记》和托尔斯泰的《一个地主的早晨》开始，尤其是托尔斯泰，让我着迷好多年。为了真正理解他的三大代表作，我买来了他不下于三种传记。曼德尔施塔姆是我最喜欢的白银时代的诗人，他的诗和文，我总是反复阅读。后来转向英美文学，我最喜欢的小说家是马克·吐温、杰克·伦敦、海明威、福克纳等，当然奥地利的卡夫卡和爱尔兰的贝克特，也是我的阅读钟爱的对象。诗人中间，我比较喜欢波德莱尔、魏尔伦、艾略特、斯蒂文斯、阿米亥、赫伯特、卡瓦菲斯、扬尼斯·里索斯、保罗·策兰、曼德尔施塔姆、米沃什、谢默斯·希尼、沃尔科特等，早年则着迷于泰戈尔、聂鲁达和意大利的隐逸派诗人以及希腊的埃利蒂斯和塞菲里斯。

近十年来我更加喜欢阅读中国的经典，如陶渊明、杜甫、苏东坡和辛弃疾等诗人的诗词，包括更早的《诗经》和《离骚》。总之，我阅读的书非常庞杂，依自己不同时期的喜好选择书目。

杨键：今天的诗人对外国诗人的熟悉程度远超对中国古典诗人的熟悉程度，你怎么看这个问题？

草树：我想今天的诗人喜好阅读外国诗人，原因有二，一是二十世纪九十年代反传统的思潮仍有余响，一是汉语新诗一开始选择的路径是抛弃传统，全盘向西方学习，把西方的翻译诗作为新诗的摹本。这带来了很大的问题，在某种意义上，中文写作中语言言说的方式已经变得不伦不类。作为一个诗人，你不明白你自己的文化属性，就不能建立正确的世界观，从而必然出产大量的翻译体，制造一堆“语言的香蕉”。也许有很大一部分诗人，缺乏对现代诗或者说当代诗写作的真正自信，事实上我们中间已经有一批诗人的写作，并不亚于外国诗人。中国的古典诗人更是影响了西方的一些大诗人如庞德、加利·施奈德等。

我主张立足传统，放眼世界，兼收并蓄，博采众长，传统是血缘，古典诗一定会给我们更多根性的养分。

杨键：你如何看文脉在各地的中断，有什么好的解决之道？

草树：这的确是个严重的问题。比如我所在的长沙，岳麓书院的先贤一脉，已经成为一种象征。也许更严重的情况是，它已经仅仅变成一个旅游风景点。没有几个人再去倾听和感知先贤们语言的脉动，只是对他们创造的辉煌投去好奇的一瞥。即便湖南大学的博士们仍然在那里研读、听课，但是文脉的接续不是书斋中的研究所能解决，真正的解决之道在诗人的倾听里，诗人将其倾听化为“语言的倾听”，在写作中实现古老文脉的声音和当下的声音的混响并存，即是说，通过写作实现一种古典世界观的现代性构建，这可能不失为一种可行的解决之道。

杨键：你读《论语》吗？你读《道德经》吗？你读过佛经吗？

草树：读过。不止一次读。不同时期读。反复读。它们博大深奥，值得反复地阅读。对于佛经，我也偶尔尝试读过，但是它的艰涩总是把我拦在门外。或许因为我缺少对宗教的足够虔诚吧。我很喜欢阅读禅宗掌故一类的书，比如《禅话》。

杨键：你对人这个字怎么看？

草树："人"这个字，写，容易，做起来，难。自古以来小人得道，正直的人步履维艰。记得爷爷小时候给我讲刘备的故事，说他在一个星夜躺在大地上，头上放一根木棍，两手摊开，天上就现了一个"天"字，他把手伸进井水里，就现出五爪金龙。这种朴素的宿命论思想，没有影响我。我相信人的命运一半掌握在自己手里，我也绝不相信"人定胜天"。随着年龄的增长和阅历的丰富，我有时候觉得宿命论并非消极的，它可以帮助你从人生的困厄中解脱出来，放下并得到慰藉，大抵和佛教的"因果论"有着相同的疗救功效。

人能自足，自在，圆满或不那么圆满，都足矣，也就是说，倘能这样，你的一生就写好了这个简单的字。

杨键：你对爱与仁这两个字怎么看？

草树：仁者爱人。仁是仁慈、善良、宽厚，"温柔敦厚"是也，是一种广义的爱，更多关乎人的品质。爱是一种无私的情感，寓于奉献和关怀的行动之中。布罗茨基说美是伦理的母亲，依此，也可以说仁和爱就是伦理的一对好儿女。

儒家文化将“仁”上升到道德范畴，《论语·颜渊》云：“樊迟问仁，子曰：‘爱人。’”“仲弓问仁，子曰：‘出门如见大宾，使民如承大祭。己所不欲，勿施于人。在邦无怨，在家无怨。’”“司马牛问仁，子曰：‘仁者，其言也讱。’”《论语·阳货》云：“子张问仁于孔子，孔子曰：‘能行五者于天下为仁矣。’‘请问之。’曰：‘恭、宽、信、敏、惠。’”《论语·子路》云：“子曰：‘刚、毅、木、讷近仁。’”又云：“樊迟问仁，子曰：‘居处恭，执事敬，与人忠。’”《论语·颜渊》云：“颜渊问仁，子曰：‘克己复礼为仁。’”《论语·雍也》云：“夫仁者，己欲立而立人，己欲达而达人。”《论语·宪问》云：“仁者必有勇。”又云：“仁者不忧。”孔子不但从正面、从人生的各个方面阐述了“仁”，具体而深刻，还从反面说明什么是仁。如宰予反对三年之丧，孔子说他不仁。不善于“处约”“处乐”的人，孔子也说他不仁。“巧言令色”，也是不仁。从“仁”与“不仁”，从“仁”在日常生活中的广泛定义，孔子对“仁”的阐述深刻而透彻，深入浅出，构成道德的基础与核心。

诗人多多在《语言的制作来自厨房》一诗中写道，“原因，正像地址 / 不说。抽烟的野蛮人 / 不说就把核桃 / 按进桌面”。这个抽烟的野蛮人之于核桃壳的粗糙以及他追求“仁”的努力，正是推动文明的力量，而隐而“不说”的“仁”的富于质感和香味，正是诗之“仁”所在。“仁”

需要依傍诗人的命名，在日常生活中不断还原——它在现代世界早已被深深遮蔽或忽略。

杨键：道与德是汉语的源头吗？

草树：如果从文化考古学的角度看，汉语的源头也许比“道”和“德”的出现更久远，但是从中国文化真正建立成熟的世界观和宇宙观的角度，我觉得可以把“道”和“德”看成汉语的源头。老子之“道”，是宇宙世界万物运行的根本规律，不受时空局限，有趣的是海德格尔在《在通向语言的途中》论述语言的本质，也最终回到老子的“道”。“德”关乎伦理，《荀子·非十二子》说“不知则问，不能则学，虽能必让，然后为德”。“德”是道德、品行。没有“德”，人的基本伦理规范就丧失。“道”和“德”迄今为止仍是汉语内核里最基本的东西，关乎世界观、宇宙观和伦理秩序，当然也对诗人的写作观念构成影响。

杨键：阴柔与阳刚，孰轻孰重？

草树：阴阳之道，贵在平衡，无所谓孰轻孰重。对于写作来说，阴阳之道既是暴露和隐藏的关系，也是一个诗人的内心和外部世界即主观和客观如何保持感应的清晰的问题。一阴一阳谓之道，一捭一阖谓之术。它在古代作为区分世界万事万物的两个哲学范畴，其相互对立、转化和协调，揭示世界万事万物运动和变化的规律。如何看待世界，透彻地发现世界的本质，关键在于分类。古人的这一分类体现了朴素的唯物主义思想，但它和唯物主义又有着不同之处，阴和阳，比物质和精神，有着更为广阔的外延。

这是一个阴阳平衡被严重破坏的时代。物质主义至上不单破坏了人和自然的关系，也给人们的精神带来大片废墟。“相其阴阳，观其流泉”者，鲜矣。“造化钟神秀，阴阳割昏晓”的世界，已经陷入光怪陆离之中。

杨键：现实的真相与生命的真相，孰轻孰重？

草树：一切现实的真相如果有悖于生命的真相，它就没有真实可言。佛教中生命所谓的真相是“从因缘生”。孔子说，“未知生，焉知死？”又说“朝闻道，夕可死矣”。生命的真相关乎存在之道。格奥尔格说，“词语断裂处，无物存在”。对于一个诗人来说，语言即存在，而语言来自生命感官和直觉。我相信只有倾听语言的允诺，才能真正捍卫生命的真相。而现实的真相是否符合客观事实，往往是仁者见仁智者见智的事情。

现实的真相如同镜像，而生命的真相在乎心，心，无形无相。人生无常，但我不愿以无常作为生命的真相，来消极地面对世界，我更愿意相信生命的真相是存在之道。

杨键：儒释道精神在当代汉语的写作里几乎不起作用，如何重建？

草树：儒释道精神是我们的传统文化的精髓，现代中国渐渐远离了这个传统，物质文明成为拉动社会前进的主要力量。最近几十年，在物质上，的确正在实现民族的伟大复兴，但是一个民族的真正复兴，文化不能缺席，精神必须自足。儒释道精神的衰落是我们付出的代价。

小说，电影，绘画和音乐，无不卷入逐利的漩涡，当代人无不成为利益的奴隶，无用之用被放逐。也许这个时代唯有诗，正因为其“无用”，可以在日常生活中重建儒释道的精神。这可能是一个极其缓慢的过程，但是我相信每一个社会在急速发展以后，都有一个回归的过程。因为人们一旦发现财富并不能如想象的那样带来真正的快乐，或只带来短暂的感官快乐以后，面对一片更大的空虚，精神的需求就会出现，人就会重新渴望一种诗意的状态：人与人、人与自然的和谐相处。“礼失求诸野”，仁爱宽厚，“德有邻，必不孤”，现代人在孤独中可能会慢慢发现儒家文化的古老教诲，今天依然有效。道家的智慧更是慰藉心灵的，“人法地，地法天，天法道，道法自然”，“修之于身，其德乃真；修之于家，其德乃余；修之于乡，其德乃长；修之于邦，其德乃丰；修之于天下，其德乃普。故以身观身，以家观家，以乡观乡，以邦观邦，以天下观天下。吾何以知天下然哉？以此”，“天下莫柔弱于水，而攻坚强者莫之能胜，以其无以易之”，无论世界观还是人生修为，皆能为人受用终生。佛教文化的精髓，乃慈悲，智慧，慈悲以拯救众生，智慧觉悟于性空。悟空之道，与作诗之道，多有共通处。

唯有语言，唯有诗，能够架设儒释道精神和现代世界之间的桥梁。

杨键：人性是本善还是本恶？

草树：我相信人性本善，至少人类孩提时代的一切可作为佐证。不错，小孩也自私，仿佛出自天性，一个被冷落的孩子或者大人给了别的孩子糖果而没有给他，他会表现出惊人的异常：生气，或哭泣。但是自私不是恶。恶是违背人性和道德的品行，是发生在成年人中间，小到商场上的互相算计、不择手段，大到强国凌辱弱国，发动不义战争。中国儒家文化宣扬的是“性本善”。基督教文化的“原罪说”，是一种假设，从而把人生作为一个赎罪的过程，善恶的尺度都交给了上帝，而不是产生于世俗生活之中。献祭文化随之衍生，亚伯拉罕在旷野里搭起柴堆，准备将儿子作为祭品献祭，如果不是荒野突然出现一只兔子，他的儿子就成了祭品。《圣经》里这个故事透露的本质性的东西表明，献祭文化在根本上是反人性的，以东方文化的善恶观看来，是将善与恶混淆或颠倒了。

我相信人在东方文化背景下的内省的力量，它更宽容、仁慈，胸怀博大，儒释道互为补充，相比西方文化同样具有耐久的力量。

杨键：你的世界观是什么？

草树：首先，我觉得作为赶上了民族复兴这样一个伟大时代的普通人，时代给予了表演的舞台，我也去饰演了自己想演的角色，实现了自己的人生价值，在这一点上，我感谢这个时代，对世界也满怀感激之情。但正如狄更斯所言，“这是一个最好的时代，也是一个最坏的时代”，窗户打开，蝴蝶和苍蝇都飞进来了。笼门响处，猛兽狂欢于野。这个时代一切的价值尺度都被物质主义替代了，欲望无限放大，贪婪吞噬一切，城市化运动造出的光鲜天际线下，是一片精神的废墟。挖掘机在古老的民宅上发出的声音，描绘的蓝图不是诗的蓝图，它带来的不是更多的快乐而是相反。即便是它的既得利益者，也不能从中获取更多快乐——其快乐如此短暂，很快就在身体中长出挖掘机的巨齿，吞噬更多的快乐。“采菊东篱下，悠然见南山”，成为遥不可及的幻境。南山依然在，东篱或更美，但是那一种恍兮惚兮的“悠然”不再。

当然我并非一个虚无主义者。我以为这一切不过是一片激流悬空的时刻，它很快会回到大地，在草丛中汩汩流淌，恢复人和大地、星空和谐相处的常态。当然这个“很快”，会是一个漫长的过程。但诗能够加快这一进程。

我不能苟同西方所谓的普世价值，也许那些津津乐道于它的公知们并没有弄清西方文化的本质。中国的传统文化博大精深，是我们的血缘，也是我们的身份标识，人与人的分歧和差异，最终是体现在文化的差异上。我是近年来才如此透彻地感受到这一点，由于文化的差异，哪怕父子兄弟之间出现的分歧和差异，也最终体现在文化的认同上。一个同宗同祖的文化背景下，尚有差异，更遑论不同的文化背景。当然，传统的现代性建构十分重要，在现代性的建构过程中，我以为西方的一些价值观念比如民主、自由，可以纳入进来，它对语言的专制主义可以做出调校。作为一个自由主义者，我期望文化体制具有真正的民主精神。

这是一个逐利的时代。我对财富没有特别的追求，能够满足衣食住行之需足矣。“水能载舟，亦能覆舟”，我们的日常生活里和每日新闻头条不断上演的情景剧，或贪官落马，或富商性侵，或舅子一颗燃烧弹烧了姐夫的新房，不一而足，无不是贪欲使然，财富并没有给他们的人生带来真正的快乐。

我相信当代诗人只有很少一部分人与我一样深入了这个时代的深层，见识了这个时代的人性如炮仗一样噼噼啪啪炸裂的惊人场景。经受恐惧和死亡的教育，历尽人生磨难，我对词语充满敬畏之心，也依然相信世界美好。一个人只要懂得取舍之道，阴阳之道，就不会丧失信心。舍去是另一种得到。苦难或许是酿造深刻诗意的上等原料。世界始终美好而神秘，有无相生，同出异名，玄之又玄，众妙之门，值得每个人用一生去参悟。

我不是一个唯物主义者。我相信万物有灵。一个诗人建构自己的语言世界，应该在天地神人的四边形之内，只有在这个四边形里面，人才能真正被映照，存在者之存在才是丰盈而饱满的。我的世界观可以用古典—现代世界观的形式来描述，前者取决于文化属性，中国文化中“天人合一，道法自然”的古典世界观，我以为正是当下缺失的，这也导致当代人处于精神和人格双重分裂的状态；后者则是一种现代意识，其核心是民主，或者将世界万物看成不同的主体——主体相互平等，万物互联，相互映照。

杨键：大部分汉语诗人没有来世的观念，你如何看待这个问题?

草树：当代诗人大部分没有来世观念，我想与教育有很大关系。我们这一代人从小学的就是唯物主义哲学，无神论思想根深蒂固。以前我也没有来世的观念，我不相信真有一个鬼魂世界和因果轮回，人死如灯灭，相比而言我们更赞赏“青山处处埋忠骨，何须马革裹尸还”的英雄气度，但是人毕竟首先是一个常人，普通人，也许来世的观念就像死亡可以建立存在的尺度一样，至少会给人生的无常带去一些慰藉。

我记得女儿出生不久，岳父家的村子来了两个人，一个是妻子原来的老师，一个是大队的妇女主任，他们为村里修路筹钱而来。那时岳父已经去世好几年，他生前为村里修的毛路，现在要升级，我们自然要支持。那时我在广西，任一个公司的老总，在他们眼里是最可依傍的对象。他们回湖南以后，一件怪事发生了——女儿好端端的突然开始竟夜哭喊，抱起来在客厅来回走，也无济于事。妻子打电话回去问老人，老人说，是不是外公有怪，大约外公跟着那两个人去广西了。我们照老人的吩咐准备了三牲、纸钱、线香，敬奉外公。神奇的事发生了，女儿当天晚上果然就不哭，斩断般，睡得安稳香甜。

这件事发生在我的生活中，很长一段时间我会时不时想一下，莫不是真有灵魂的存在？不管怎样，经此一事，我不会去反驳那些有关来世的谈论了。来世存在与否，为这个张狂的时代的同时代人，至少添一份敬畏之心，也是好的。

杨键：古典诗歌里有自然之乐与人伦之乐，现代汉语诗歌的欢乐在哪里？

草树：古典诗中的确充满人与自然的和谐相处的快乐，包括人伦之乐。“呦呦鹿鸣，食野之苹，我有嘉宾，鼓瑟吹笙”，君臣同乐之热烈，如在眼前。“明月松间照，清泉石上流”，幽深而静远，那种快乐仿佛泉水淌过心头。陶公“采菊东篱下，悠然见南山”，不是一人独立悠游，而是与饮酒者相伴而行，人与人、人与自然的和谐，尽在那恍兮惚兮的“悠然”之间。现代汉语诗歌的欢乐在哪里？也有。魔头贝贝《相见欢》云，“已经很久没有听见 / 清晨的鸟叫 // 光照到脸上 / 仿佛喜欢的人 / 来到身边”。但是，这一类现代汉语诗歌很少，我想主要的原因是当代诗人处于现代性的焦虑中，生活本身已经处于一种巨大的失衡状态，本无真正的欢乐可言，同时当代诗人有着影响和写作的双重焦虑，一边写，一边为写作的合法性辩护，所谓以诗论诗，远不是“庾信文章老更成，凌云健笔意纵横。今人嗤点流传赋，不觉前贤畏后生。”也许现代汉语诗歌大面积出现欢乐之时，才是它真正成熟的辉煌之日。

杨键：你如何看待诗歌的声音问题？

草树：诗歌是声音的艺术，换句话说，是声音使诗所以成其为诗，关乎诗的发生学。真正的诗是声音的艺术而非意义的表达。一种生物属性的诗学决定诗是一个意义的生长体，而不是意义的载体。诗来自于凝视和倾听，没有凝视，就没有凝聚，也不会有诗的音顿；而没有倾听，就更谈不上诗的语言行动在能指的轨道运行。事实上，真正的诗都是复调的，甚至多声部的，一是来自于听觉的声音——即便寂静，沉默——声音之不动；一是词语的出现随之而来的语言韵律。当然还可以有戏剧性的声音，比如对话。

曼德尔施塔姆说，“在俄罗斯，只有我一个人用声音工作，周围都是一些乱涂乱画”。在当代诗人中，真正洞晓诗的声音之秘密的诗人，为数不多。诗若仅以分行为标志，将它去掉，就变得连散文还不如。这可能也是当代诗备受质疑的原因之一。诗和散文的根本区别就在于诗的声音，音顿，诗的音乐性。诗的节奏是和诗人写作时的呼吸一致的，诗的语调由第一个冒出的词语的调性和言说的对象决定，而它在不同音位上的表现，即言说自身，由情感来决定。

诗是一种声音形式。诗人命名的过程，即是词语获得形象的过程，好比一个人获得身份。此身份，如同一把洞开玄牝之门的钥匙。布罗茨基说诗是最高的语言形式，也是在这个意义上说的。它决定了诗比其他文学门类更具原创性。

杨键：你认为诗人的精神核心是什么？

草树：我以为诗人的精神核心，既要有独立的主体意识，也要有仁慈的情怀和民主的精神。朦胧诗崛起的最大特征是主体意识的觉醒，有了一个“否定性的范畴”、一个“不”的声音，不再是众口一声的“是”和单一的崇高向度，具备了批判意识和现代性诗歌美学观念。仁爱，慈悲，一个诗人当然要有一颗对世间万物的悲悯之心和良知，否则诗人也就不能成其为诗人。而谦卑，不单是一种态度，还是一种智慧。智者总是谦卑的，善于倾听。对于这个言辞滔滔急于表达的时代，诗人正是因为作为一个倾听者，才能洞悉存在的真相。从语言层面说，诗人当面对元语言或海德格尔之谓“源始语言”，倾听语言的允诺，方能管辖言说的舌头，实现语言自律，从而发展出真正的语言口授之诗。

杨键：你诗歌的最高理想是怎样的？

草树：简洁，直接，不言而能呈现存在之道，正如耶稣在沙子上写字，或达摩面壁之豁然而洞悟。

杨键：你为什么要写诗？

草树：如果说年轻时写诗是出于一种理想主义的冲动，现在它是一种精神需要，一种生活方式。写诗已经成为我感受世界的一种方式。写诗即悟道。它可以让我在黑暗的地平线看见闪电，或者在干旱的荒野突然发现涌泉。

写诗不为什么使命担当。但也关乎使命，因为正如谢默斯·希尼所说，诗是一种缓慢的政治，它不能阻挡一辆坦克的前行，却能在某一个瞬间改变混乱。

杨键：你对死亡怎么看？谈谈你经历的印象最深的一次死亡经验。

草树：每个人的终极结局都是死亡。死亡是生命的终点。死亡是一个形而上学的问题，也是一个伦理学问题。在形而上学的意义上，死生相对应，像一面虚无的镜子映照着存在。如果没有这一面镜子，人的存在不知道还会出现怎样的荒谬。“人之将死，其言也善”，大约是人接受死亡的恐惧和虚无的教育之结果。从存在的角度看，死亡也并非绝对的虚无，因为死亡只是肉体生命的终结，死后生命仍以记忆的形式存在，比如死者的音容笑貌不断浮现在亲人的记忆里。

中国有“不孝有三，无后为大”的古话，养儿防老送终如积谷防饥，“养生送死无憾”，这是儒家文化的传统。农村的丧葬习俗中仍然保持着古老的礼仪，但是这种唯一保留着古风的葬仪，近年来也变得商业化、娱乐化，死者的哀荣变成生者的狂欢，丧亲的哀痛转化为变相的排场。

我见过一个女人，经常教她的小女儿叫奶奶“老猪婆”，小女孩不懂事，真那么叫。那个和媳妇水火不相容的婆婆患了癌症，刚过六十就死了。这个女人就在城里的家中立一个牌位，每天带着小女儿在客厅烧香鞠躬，嘴里念叨着“您老要保佑我们发财”之类。传统文化遗留下来的有关死亡的伦理，徒余其表，内容已经被这个时代的物质主义替换。

十几年前，父亲提起选择墓地的事，我还很排斥，觉得死亡还很遥远，说那些不吉利。年过五十，一场大病，我感觉和大地越来越接近了，不时会思考死亡的问题，或者说，我确切地感觉到它的存在，只是迟早出现的问题。随着老一辈的不断死去，尽管双亲健在，我也感觉死亡即是一种日常，可以坦然接受。自然终老当然圆满，突如其来的死亡，尤其是亲人，仍然会带来巨大的无常感。前年夏天，小姑妈从北京回来，说她可能得了“那个东西”。她一向身体健康，人也开朗，热爱生活，注重锻炼和养生，六十多岁的人看上去就五十的样子。我在电话里让她不用急，赶紧来湘雅检查。B 超和 CT 一做，放射科主任说，胆囊癌晚期，广泛转移，存活期一个月左右。当时我一下懵了，如遭雷击。小姑妈一个月后去了，她是姊妹中最小的，却走得最早，一生为人敞亮慈爱，无论作为老师，还是作为母亲、妻子和长辈，她都是个纯粹的典范。死者长已矣，很长时间我却不能完全摆脱悲伤。

人生不必太长，重要的是活得有意义。

杨键： 如果有来生，你还做诗人吗？

草树： 当代诗人已经被彻底边缘化。诗人几乎被这个社会视为异类。但是如果有来生，我还做诗人。我始终坚信诗的力量，无论愉悦还是拯救。

杨键： 你最美好的记忆是什么？

草树： 我最美好的记忆是高考后去看榜的那一天。记得那天我是和同学去的，怀着忐忑的心情走进校门。在学校的宣传栏，一张红榜上，我看见自己的名字赫然在列，有点不相信自己的眼睛。我跑到教务处问，学校是否有同名的人。那个老师说，除了你，还有谁？那一刻我感觉要飞起来了。一个农村的孩子，考上大学意味着从此可以跳出“农门”，衣食无忧了。八十年代初农村是多么落后啊。

那一天我几乎是飘回家的，而不是走回去。天空看上去格外湛蓝，白云也有说不出的美，大卡车从身边驶过如无物，当然我也忽略了那位落榜同学的失落。

“金榜题名时，洞房花烛夜”，古人说的没错，那是人生最美好的时刻。

杨键： 你的写作是为诗，还是为人生？

草树： 我的写作为人生，不为诗而诗。一为人生，重在见证；一为启蒙，旨在独立。陶渊明、杜甫、苏东坡、辛弃疾以来，即如此，这是文学的主流。古今中外的确有“为艺术而艺术”的写作，那始终是支流，况且当代中国远没有闲暇作诗、赏玩世界的前提，物质条件是空前地改善了，但精神的荒芜前所未有。

只要去农村看一看，你就会发现惊人的现实。田园荒芜，茅草一人多高，秋来簌簌一片，将你置入巨大的荒凉和孤独之中。有什么胜利可言。

杨键：你去菜市场吗？

草树：我去菜市场，经常去。现在那里于我比夜总会更有吸引力。人声，叫卖声，剁肉的声音，鱼儿在水槽鼓泡的声音，螃蟹在丝网里发出的嘶嘶的声音……远比麦克风的干号更有活力。一种扑面而来的生活气息，无形中可以为人增添如许的能量——不单是物质的，更是精神的。

菜市场是一幅人生百态的动态风俗画：买蔬菜的女人骂丈夫动作慢，杀鱼的小姑娘手脚麻利地扯出鱼鳃，剖鳝鱼的男人手拿弯刀嘶的一声，鸡在离心机里发出最后一声挣扎或鸽子在水中咕咕一声，滴水的空心菜，整齐的绿豆芽，卖肉的女人皮肤的水亮，地上蟹行人的歌声……人生的集合，一个庞大的隐喻系统。如此粗糙，却诗意盎然。

菜市场是城市最具活力的地方。

杨键：你的困惑是什么？

草树：我常常困惑于生活的丰富和写作的平庸、世界的荒谬和修辞的贫乏之尖锐对立。

杨键：你的诗歌美学是什么？

草树：直接，简洁，隽永，蕴藉。

在众口一是中竖起一只“不”的耳朵。

从驳杂和混乱中挖掘一个“是”。

圆融而不失锐利，平易又能见奇崛。

杨键：诗是什么？或者说好诗的标准是什么？

草树：诗是什么？一千个人眼里有一千个哈姆莱特。叶芝说，诗是自我的争辩。米沃什说，诗是见证和愉悦。斯蒂文斯说，诗是最高的虚构。特朗斯特朗姆说，诗是感受。每一个诗人依据自己的感受对诗有不同的认识。在我而言，诗是最后的身份标识。当你褪下有用性的所有身份，诗能作为身份标识，即是说能从中辨别你的声音和人格。好诗没有绝对的标准，但好诗是你的声音的独特和人格的独立呈现的语言形式。好诗的标准存于当下和以往时代大师们的写作中。

杨键：新诗成熟了吗？它还缺什么？

草树：新诗远没有成熟。只有极少数自觉的写作者有了相对成熟的作品，但清澈的诗的声音往往被众声喧哗淹没。有人说新诗有了盛唐气象，那是痴人说梦。只要看一看盛唐时期诗人的写作，看一看唐诗在作为语言艺术的意义上美学的成熟度，就不言自明。没有成熟的新诗美学，就谈不上新诗的成熟。

杨键：旧诗之“我”同新诗之“我”有何区别?

草树：旧诗之“我”，大多有一个君子人格，是一个天人合德的“我”，仁者爱人的“我”或逍遥游的“我”，比如子美诗和太白诗。新诗之“我”，面目模糊，语气陌生，带着艾略特的辩诘、巴门尼德的沉思，或者策兰的神秘、米沃什的雄辩。有希尼的语法没有希尼的明澈，有曼德尔施塔姆的意象没有曼德尔施塔姆的深邃。新诗之“我”是一个言辞滔滔充满表达欲望的“我”，是一个失去自我的文化身份的“我”。“我”的面目不清楚，新诗就还是那个“新诗”，不能成为真正的当代诗，质言之，没有一个清晰的坐标系，写作的坐标就不可能有一个明确的位置，就没法和时代、历史、存在，建立内在关系。

杨键：林纾当年翻译《茶花女》，辜鸿铭几乎以死相抗，现在细想，辜鸿铭当年所反对的郑声，在今天几乎成为现实，也就是说，汉语在今天已经严重地物化，欲望化，正是孔子当年反对的郑声，这就是目前汉语的现实，对此，你如何看?

草树：郑声多欲望的声音，写男女爱情，也许正是因为它使语言有了身体的气息和活力，但诗的本质是形而上的，形而上寓于形而下的语言形式中。书写欲望，没有超越，便沦为非诗。欲望也要在现代性视野下重新定义。它不是洪水猛兽，孔子当年删诗，或许删掉了最有体温的部分，当然删诗之说本身并无定论。

目前汉语的现实的确有严重的物化、欲望化倾向，但它们相比现代主义的高蹈的杂音，没有那么有害，打个比方，前者是雾——只是缺乏凝聚，缺乏诗性之光的穿透，后者则是雾霾，唯有正本清源。物和欲望是一端，词语和精神是一端，不能二元对立，要执两端得用其中。这本是儒家的智慧。词与物相予，欲望和精神化而为一，诗才有活力、生命力。

杨键：没有经学做底色的人生会是什么样的？

草树：表面轰轰烈烈或悲悲戚戚，临了忽觉一场空，即是说，没有经学底色的人生必将是懵懵懂懂的，不知道自己所为、所求是什么，重于物质而轻于品德，在动物性中度过一生。

杨键：没有经学做底色的家庭会是什么样的？

草树：看上去五彩缤纷，实际上空无一物。西方现代主义正在肢解每一个家庭。中国不会再有张公艺。

杨键：没有经学做底色的文学会是什么样的？

草树：没有经学做底色的文学，好比水上浮萍，脱离大地，文化身份不明，面目不清，风一吹便四散于野，支离破碎，更不要说接受时间的考验。

杨键：新诗语言的戒定慧，新诗语言的仁义礼智信，如何才能建立？

草树：潜修于个人，发掘于日常。

杨键：与旧诗相比，新诗的道的面容没有出现，自然的面容没有出现，德的面容没有出现，你如何看这些问题？

草树：道的面容，自然的面容，德的面容，都不会出现了。因为世界已经改变，现代世界彻底颠覆了农耕文明的古典世界。但是假以时日，它们会有一幅新的现代性面孔。同时它们也必须经过现代性重构，生成于当下，否则那不过是一个个虚幻的面容，虚幻且虚妄。

杨键：儒教影响下女性会影响旧诗的发展吗？

草树：儒教之“三从四德”束缚女性，但儒教也说“夫妇人伦之首”，没有女性，难言化育。汉文明精髓在于一个“化”和“育”字。《诗经》开篇之《关雎》，就塑造了一个窈窕淑女的形象。因此即便儒教有禁锢女性之糟粕，女性仍影响着旧诗的发展。“十年生死两茫茫。不思量，自难忘。千里孤坟、无处话凄凉。”没有女性，就不会有如此至情至性。“最是仓皇辞庙日，教坊犹奏别离歌，垂泪对宫娥。”没有此“宫娥”，家国之痛就落空。

杨键：没有儒教影响下的女性会影响新诗的发展吗？

草树：现代社会女性得到空前解放，没有儒教的影响，女性仍会对新诗产生影响。因为一个没有女性的世界是无法想象的。泰戈尔说女人是溪水，男人是石头。里尔克说，少女们，让我向你们学习写作。女性是秩序的维护者、生命的孕育者、美的化身、爱的源头……质言之，女性是世界柔软的部分。

新诗的本质和古诗并无二致。新诗的柔软依然冀望从女性得到陶冶。

杨键：自我不能泯灭，写诗只是一种不易觉察的自恋，你认同吗？

草树：自恋是自我的泥潭。自我泯灭不是泯灭自我，是一种放弃，是一种求真的行为和精神。在写作上，当下充斥着太多自恋、自我泛滥。

杨键：你现在对“诗言志”这个古老的教义如何看？

草树：“诗言志”的含义不断演化。《左传》所谓“诗以言志”，“志”指向某种政教抱负。《尧典》所说的“诗言志”，是说“诗是言诗人之志的”，这个“志”的含义侧重指思想、抱负、志向。战国中期以后，“志”的含义逐渐扩大。孔子时代的“志”主要指政治抱负。庄子“诗以道志”的“志”，则是指一般意义上人的思想、意愿和感情。《离骚》中“屈心而抑志”，“抑志而弭节”，这个“志”仍是政治理想抱负以及政治理想抱负不能实现而产生的愤激之情，包括对谗佞小人的痛恨之情。《怀沙》说“抚情效志兮，冤屈而自抑”，“定心广志，余何畏惧兮？”这里的“志”指作者内心的整个思想、意愿、感情。到汉代，“诗言志”即“诗是抒发人的思想感情的，是人的心灵世界的呈现”，对诗的本质特征的认识趋于明确。《毛诗序》说：“诗者，志之所之也，在心为志，发言为诗，情动于中而形于言。”情志并提，两相联系，比较中肯而客观。

以现代诗学观之，我愿意将“志”理解为“心灵世界”或“存在”，甚或“记录”。“诗言志”，即是诗言说存在。

杨键：新诗里有太多的情绪，大抵还没有上升到智慧的层面，你对此如何看这个问题？

草树：与其说新诗里有太多情绪，不如说有太多“想法”“欲望”——表达的欲望。既没有语言自律，也缺乏诗性洞见。“大抵还没有上升到智慧的层面”，这个说法应该不会错，只是这个“智慧”关乎语言学，也关乎世界观。

杨键：汉文明意义上的家还在吗？

草树：荡然无存。

杨键：汉文明意义上的中国人还在吗？

草树：或许有。有也是茫茫荒野中的一点篝火。

杨键：三字经言“非圣书，摒勿视”，圣贤之言本是汉文明的核心精神，现在完全不是这样了，对此，你如何看？

草树：圣贤之言隐含着古典文明的精髓，是的，现在完全不是这样了，整个社会都裹挟在现代主义的潮流里。科技，进步，生产力，唯物论，执于物质一端。现在从小学到大学，圣贤之言不读了，束之高阁，批评和阐释系统都是源自西哲，写作也深受西方现代主义影响。重位而不重道，功利主义泛滥。

杨键：汉语的声音，说到底，有四个特点，一是求道之声。二是赤子之声。三是自然之声。四是归于自性之声。这四种声音今天都非常微弱了，我们如何才能回归汉声呢？

草树：首先要树立对母语的敬畏之心，舍此，谈不上真诚。有了敬畏和真诚，才可能谈得上汉语的声音。其次是寂静，不澄清现代主义的杂音、物质主义的杂音，就不能建立起一个声音之场。然后是俯身倾听，泯灭自我——在这个时代自我表演的欲望过于强大。如此，也许能够听到一些汉语的声音：清新，浑厚，是原声的而不是合成的。

杨键：请谈谈诗歌与修行之间的关系。

草树：写作即悟道。诗是语言形式蕴含之道。作诗的前提是必须抵近寂静，消除杂音，专注而敏感，自觉且克制，这一切需要内在的修为。因此写诗也类似修行——当然我不懂修行，也许修行更加简单而深奥。

杨键：立德，立言，立功，你选择哪一样？

草树：圣贤立德，将士立功，皆非我所能。如果让我选择，就选择立言。写下的万千行诗有一行留下，作用于往后之日常，便是莫大荣幸。就如一个诗人说的，一百年后还有人读着我的诗，杀花公鸡，便是我的诗之幸，它融入了某个节日的伟大传统。

杨键：文明是舍身饲虎，你认同吗？

草树：一部文明史伴随着累累骸骨。当我有一天夜间在高速公路行车，对面大灯射来让我瞬间处于一种“悬置”状态，我深感文明不是一蹴而就的，诚如西谚云，罗马不是一天建成的。《远光灯》所述野蛮无处不在，盖因此，引擎盖上的虫蛾才让我想起了那些文明的先驱：舍身饲虎之摩诃萨青，或钉在十字架上的耶稣。

杨键：古典诗歌的背后是君子人格，新诗的背后是什么呢？

草树：新诗的背后是意义丛生的荒草，人格鲜矣。新诗是自溺的——即便有某些貌似批判的声音，伦理性批判，道德说教，先入为主地建立自我的道德优势；是浑浊的——充满了来路不明的表达，意义不能澄清，语言不能澄明。

杨键：就目前而言，新诗的根基还是欲望，仇恨和无明，新诗的清净心远未出现，你如何看这个问题？

草树：新诗的清净心或已出现，或出现在极少数诗人那里。诗歌的边缘化为它提供了位置，无用的位置：“一个孤寂的位置波光粼粼。”（《位置》）不坚持无用性，相信无用之用，诗歌的清净心就难以达成。

杨键：人生短促，很快死亡就会来临，你认为有比文学更重要的事情吗？

草树：没有。对我来说，余生只做一件事，那就是写作。

杨键：苏东坡对黄庭坚的评价是："超轶绝尘，独立万物之表，世久无此作。"这样的超轶绝尘之作新诗至今没有出现，对此，你如何看？

草树：新诗写作的坐标系尚为模糊，当它清晰之时，才会出现闪光的坐标，真正的杰作。

杨键：汉语诗歌同英语诗歌的根本区别在哪里？

草树：根本区别在于看待世界的方式，汉文明是一元论，或二元归一，或"执两得中"，或"超乎象外，得其环中"，西方文明是二元对立，斗争不已，最后交给上帝裁判。

当下没有几个诗人以汉文明的古典世界观去看待世界，理解语言，大部分写作充斥着现代主义的二手观念。翻译体写作盛行。但是真正的汉语诗歌，会表现出与英语诗歌很大的不同。汉语诗歌相对而言更具体，更感性，是兴会的、空间性的、描述性的；而英语诗歌更多理性，意象化，是感发的、时间性的、论述性的。

杨键：欢乐是肉体带来的吗？

草树：肉体的欢乐如一场豪饮，语言的欢乐如青山之翠绿，所谓“曲终人不见，江上数峰青”是也。

杨键：汉语的欢喜心如何获得？

草树：丢掉得失心、功名心，保有一颗清净心，得道忘言，汉语的欢喜心才可能获得。

杨键：你如何看待“恕”字？

草树：人要经历重大的危机，才能深味“恕道”之深奥。“又是夜半醒来 / 听见‘豆在釜中泣’/ 厨房静寂。我蓦然发现 / 那声音来自我自身，再睡不着 // 阳台上凉风扑面 / 一场雷雨后 / 窗前高高的栾树叶尖滴水 / 叶片如释重荷慢慢 / 舒展，复原 // 天边一轮月亮汪汪”（《救赎》）这里面可能偶得“恕道”之万一。

“早上在湘江一个码头边 / 我看见锚绳拴着一条小船 / 绳子和船在风中拉扯 / 伴着波涛舔岸吱吱地叫 // 解开绳子。各自荡漾开来 / 那是个晴朗的日子 / 北辰的落地玻璃 / 映着好看的竹枝和丹桂”（《映像》）这或许也是我的个人化的体验一种。

杨键：你相信因果吗？

草树：我没有建立起佛教文化意义的因果观念。因果是事物的内在必然性，有果必有因，有我们就有我们的来处、来历。人不能脱离内在的必然性。我亦不例外。

杨键：人死如灯灭吗？

草树：“人死如灯灭”即是存在虚无主义。我愿意给予生命或时间以可能性。过去、现在和未来的全部构成人的存在。如此世界才会永远充满神秘，生命也不失好奇和天真。

关于《淤泥之子》（后记）

大约五六岁的时候，右脚当面骨的位置，被蚊子咬了，很痒，抓破皮后开始发炎，溃疡，一烂就是一年多。父母亲忙于农活，没怎么管我。到了第二年冬天，伤口已经有一粒鸡蛋那么大，皮肉裂开来，发着脓，一部分结成了硬痂，一部分呈黄色乳状，上面覆着一层透明的皮。我并不感觉特别疼痛，照样四处玩耍，只是走路会一跛一跛，夜晚安静下来才感觉它开始发威，一阵阵刺痛让整个腿无所适从。

冬天，队上最大的一口塘干塘了，塘坎上站满了人。当淤泥露出，鱼儿就开始窜动，跳跃，那情景是童年时代最激动人心的事情之一。人纷纷下去，有大人，有小孩。我先是站着，然后下了塘坎，在湿泥边蹲着。一个小孩站在淤泥中，猛地朝我泼了一捧泥水，咯咯地笑。我并不恼他，反而捋起裤脚，一步一步坚决地下去了。十二月的寒冬，塘里的泥水冷冽刺骨，我咬着牙齿，忍受着淤泥慢慢覆盖伤口。最初的水刺进来，又冷又痛，脚从淤泥里拔出前行，拔腿的时候，淤泥就像刀子一样刮着伤口。但是我慢慢不感觉疼痛了，一条鱼在手里挣扎，给我带来了极大的快感。我微微仰起头，眯着眼睛，怎么也得把它抓牢了。等到人都上了岸，有人拿了秤来卖鱼，我跑到一处有清水的地方小心清洗腿上的淤泥。天哪，伤口上的腐肉已经像用刀子剔干净了一样，中间裂开一片暗红，几乎可以看见骨头，边缘是湿烂布一样的皮。我暗暗心惊，但是那箩筐里的鱼仍旧占据着我的脑子，虽然撕裂般的痛不时出现。顾不了那么多了。

从这一天起，我的伤口开始痊愈，真是十分神奇。这淤泥看来有疗救的作用。这是我对淤泥最早的认识，可能缘于这一份不同于常人的体验。很多年以后，我还记得那莲蓬头在水底的咕隆一声，那鱼儿仓皇逃窜、一片银色闪烁的情景。这些原初的印象，慢慢沉入我的生命深处，构成美好记忆的一部分，再也很少想起。随着年龄的增长，更多人和事，沉入记忆的黑暗中。

2006 年的一天晚上，我的一个合伙人请我喝茶，说他退出了公司，很快就要离开广西，以后可能见面的机会很少了，让我怎么也得赏脸给他一个解释的机会。我起先没有答应他，因为他的所作所为实在让人恼火。他退出公司的时候，提出了很多苛刻的条件，因他除了股东身份以外，还在公司做着一些工程。工程竣工了，他拿着钥匙，不交房，讨价还价。我们谈判持续了五天五夜，晚上达成协议，他睡一觉起来，又推倒重来。最后一次谈判前夜，他请来了几个社会上的打手威胁我。我不理睬那些人，说你们不在前不在后，不了解情况，最好别掺和。对他，我的态度更坚定了。当我扬长而去，凉了他一桌子菜，他最终妥协了。当然，以合同论，他还是得了不少额外好处，只是他觉得相对别人而言他得到的会要少一些。我见他态度少有的诚恳，再说他在结算书上已经签字，我也不怕他再摆什么鸿门宴，最终答应了他。这天晚上他和我说了许多事，与其说是回顾，还不如说带有那么一点忏悔的意思。他说，“我过去是往你身上泼了很多淤泥，但是你要记住，你现在欣赏的人，保不定还会泼你满身的淤泥。”两年以后，他的话验证了，我受到更大的伤害。

这些泼我淤泥的人，已经不是当年塘里那个嬉戏的孩子，不再咯咯地笑，而是充满了算计、阴谋和仇恨。这人世，是个泥潭，每一个人都不能从其中脱身。每当我反观满身泥点的时候，就感觉好像一股暗火在燃烧，烤炙着我。我想起那水底的莲蓬头那最后一声咕隆，仿佛向这个世界发出的一声怒吼。但是我也想起历史上许多事情，自古以来如此，无论是朝堂上的相互“参奏”，还是“文革”时期的暗中陷害，从来没有离开“淤泥浊水”。一些人正是因为相互粘上了淤泥，从而下水，同流合污，例子数不胜数。

人类对世界的认识，从不同的角度，总可以看出不同的峰岭。淤泥肮脏，它也肥沃。没有淤泥，就没有荷花之艳。大地上尘埃飞扬，落在水里，慢慢沉淀而成淤泥的松软、光滑。在清水里，淤泥并不肮脏，相反它温润如玉，当水草摇曳，它像一个胎盘一样，滋养着生物，是很有几分母性的。

爷爷临终的时候，正值冬天，有些冷了，房间里生着炭火，坐满了人。有邻居，有亲戚，有平时要好的，也有平时有隔阂的，他们整夜陪伴着。当爷爷的喉头发出水底莲蓬头的咕隆声，他们都围到了床边，呼喊着。

生命塘干水尽之时，再无鱼儿的闪烁，只有“大地深深的挽留”。

这是淤泥的悖谬。

最近几年，因为疾病，我闲了下来。我还没到退休的时候，被“强制”退休了。原来响个不停的手机，安静了，终日都没有一个电话。那些经常登门的人，没有了消息，连节日群发的短信也稀疏了。以前我希望有朝一日实现“归隐”，算是实现了。我这至少算得上“中隐于市”，远远地脱离了“淤泥浊水”。家是一片净土，没有淤泥。但是没有淤泥，我慢慢感觉到空虚，烦躁，一种枯竭，仿佛离开它，失去了营养。当我和对手较劲的时候，似乎每一个细胞都充满了活力，身体像一张绷紧的弓。而在“功成名就”之时，那些赞美、鲜花，也让我十分受用，尽管我明白每一个溢美之词、每一束鲜花，都带着锋利的目的。空虚或浮躁，莫名的孤独和困惑，有时候走在大街上的人群中，会有一种怪异的抚慰感和安全感。地铁站的汹涌的人的气息，让我放弃了多年出门开车的习惯。从自我的小空间走出来置身广大的人群，陌生却充满活力和能量。写作可以是个人性的，但不能拘囿于个人。人是一个历史性和社会性的存在，日常生活永远是它的活水源泉。不是每一个人都能达到“采菊东篱下，悠然见南山”的境界。“悟空”只能收获方法论。瓦格纳博士在实验室培育了一辈子的高纯小人，最终还是冲破烧瓶，奔向了世俗生活。

人就是淤泥之子，永远离不了尘世的淤泥——那一个巨大的胎盘。我们脱离母体以后，脐带剪掉了，但我们和这个尘世的胎盘连接的脐带，永远不会断，它以各种各样的形式源源不断从那里给生命输送养分。人又够不上真正的淤泥之子，因为没有几个人能够摆脱淤泥，像荷花一样“出淤泥而不染，濯清涟而不妖”。

诗是真正的淤泥之子。

这本诗集涵括六年的作品，是《马王堆的重构》《长寿碑》之后的再一次转型。2013年出版的两本诗集是我二十年写作的一个量的堆积期，也是从《生活素描》的学步到《勺子塘》的田园牧歌式传统写作的一次转型，逐步建立现代性诗歌美学的底座。从2014年开始，我开始审视自己的写作坐标，发觉整体性写作的可疑和现代主义潮流背后隐藏的立法意志的虚幻，当然，更深入的反思，是意识到当代诗必须建立在“人”这个基本概念上，换句话说，只有个人的生命感受、感官体验是真实的，由于人性的同构性，因而也是通约的。事实上，这是当代诗的一个基本支点，所有语言和诗学的变革的出发点源于此。诚然，任何时代不反对艺术的多样性，艺术的多样只会带来思想的活跃和文艺的繁荣。

中国文学传统的背景，大致说来，有三个主要的文学向度，一是家国情怀，以屈原为代表，他的后继者有杜甫、辛弃疾等；一是趣味写作，肇始于魏晋时期的竹林七贤、大小谢，唐代李白将这一路写作推向巅峰；一是起源于陶渊明的道的写作，其接续者有王维、苏东坡等，主要受到老庄和佛教文化影响。至于西方传统，浪漫主义已经式微，现代主义的影响犹存，后现代主义的影响发生越来越大的作用，两者在中国发育了整体性写作或元诗写作一脉，这一路的代表诗人有多多、张枣、陈先发、臧棣等，个人性写作以于坚、韩东、杨键、吕德安、张执浩等为代表，这一路写作承继了陶公的传统并受到后现代主义人文思潮影响有着更为明显的语言本体论自觉，且从“人”出发，“以人为本”，容纳了现代精神和民主意识，写诗从言志，缘情，走向命名的重要维度。正是基于对两大文明的背景的认识，《淤泥之子》选择了个人性写作的语言路径。

诗人杨键说，从吕德安的《曼凯托》到草树的《摩阿记》，是当代诗个人性写作闪光的两极，一个是一个无地点的桃花源，一个是一个无地点的炼狱，一清澈，一异质。就触及人性的深度和日常的广泛性而言，这本诗集做出了诸多探索，无论是观看世界的视角还是词与物的路径探索。书写日常是难度最大的写作，没有修辞的腾挪空间，直接就是，这一个“是”，需要在微妙的语境成就，不是指认，难在生成。往往这样的诗“其貌不扬”，是质朴而简洁的，事实上，艺术的最高境界是简朴而非其他。这部作品也贯穿了我关于“诗不是放纵想象，而是将想象转化为一种向内凝视的力量”的理念，因而很少有作品情感洋溢，因为我期待将它化作一种内生的绵绵之力。

现代物质文明的狂飙突进带来的变化，广泛而深入地改变了人们的生活方式。语言文明总是滞后的，有待诗人付出艰辛的劳动。大自然的语言形象工具库的建设，已经在农耕文明时代达到极致。语言的篮子空空，现代文明的果实还远没有进入它并成为文明的最新部分。我有意识在这个维度做出了诸多努力。比如对“雨刮器”“远光灯”“榨汁机”“绞肉机”“洗衣机”等现代生活中的“物”进行了命名，这是语言史上前所未有的，也是一个自觉的诗人当致力为之的。意义书写，情怀表达，只是一个修辞化的过程，并不关乎命名。没有命名，原创就无从谈及。

传统和现代，历史和当下，如何从语言层面建立血脉联系，挑战着诗人的个人才能。《太监考》是我在这一写作向度一次探索。它不同于《在清朝》的复古式的抒情，也不同于《清河县》的古典重构，而是当下的发生，内含古老易经的同时性观念，历史和现实都进入了语言的知觉，当然更重要的出发点在于，这是一次文化体制的反思——以直观的形式，付诸个人化的直觉。《裂隙》和《罗城往事》则致力于挖掘人性，它们是经验和苦难结出的果实，但文本致力于“入乎其中，出乎其外”，尽可能保持真诚和客观并力求超越，也冀望它们成为这个时代的棱镜，移步换景地呈现一缕缕时代的折光。《梅尼埃小姐》做了一次个人化的“疾病隐喻”的语言实践，试图通过疾病的“教育”，进行一次自我反省，以期最终向“自我”返回。

在我看来，到了新世纪，先锋文学的使命已经完成，而且有些矫枉过正，口水诗泛滥就是一个典型。诗不反对什么，诗面向诗自身。失去反对对象的朦胧派诗人和后朦胧诗人的写作显然陷入了词生词的惯性运动，而口语写作标榜无意义，形成了一种新的语言能指崇拜。元诗写作多陷入语言的漩涡而不能观看存在，弊端显而易见，之前的《精馏塔》堪称一次规模壮观的元诗写作，我不断地感觉它的虚幻，就像针对《马王堆的重构》的反思。当代诗必须寻找一个当代性，在现代性的视野上重新定义文学的母题和“回答”新事物的“提问”，比如真理、正义、欲望和价值等重大问题，或者如关乎语言的恐惧、敬畏、悖谬、命名等。对当代诗的处境缺乏足够的清醒，不能在两大文明的坐标系中明确个人的写作坐标，写作就难免是盲目的，张狂的，或放纵的，而不可能是清醒、自觉和克制。我想这本诗集在一定程度上，致力为之，至于它的完成度如何，就只有静候读者诸君的批评和时间的裁判了。

写于 2019-11-9

修改于 2020-11-14